北京市老年休闲行为特征变异与休闲空间组织研究

The Leisure Activities Feature Variation and Leisure Space Research on Elderly People in Beijing

王 蕾 著

知识产权出版社
全国百佳图书出版单位

图书在版编目（CIP）数据

北京市老年休闲行为特征变异与休闲空间组织研究/王蕾著.— 北京：知识产权出版社，2018.7
ISBN 978-7-5130-5671-7

Ⅰ.①北… Ⅱ.①王… Ⅲ.①老年人－休闲娱乐－研究－北京 Ⅳ.①G241.3

中国版本图书馆CIP数据核字（2018）第153862号

内容提要

本书介绍了将案例点放在北京这个典型的国际型大都市，并将研究的时间节点重点选择在2000年之后的老龄化社会初期，通过分析和讨论新时代背景下老年休闲行为特征的时空变迁，深度揭示城市化与老龄化的互动关系。全书以跟踪类研究和比较类研究为主要思路，综合运用等级量表法、层次分析法、行为调查法、案例研究法等方法和技巧。

责任编辑：于晓菲　　　　　　　　　　　　　　　　责任印制：孙婷婷

北京市老年休闲行为特征变异与休闲空间组织研究
BEIJING SHI LAONIAN XIUXIAN XINGWEI TEZHENG BIANYI YU XIUXIAN KONGJIAN ZUZHI YANJIU

王　蕾　著

出版发行：知识产权出版社有限责任公司	网　　址：http://www.ipph.cn
电　　话：010-82004826	http://www.laichushu.com
社　　址：北京市海淀区气象路50号院	邮　　编：100081
责编电话：010-82000860转8363	责编邮箱：yuxiaofei@cnipr.com
发行电话：010-82000860转8101	发行传真：010-82000893
印　　刷：北京中献拓方科技发展有限公司	经　　销：各大网上书店、新华书店及相关专业书店
开　　本：720mm×960mm　1/16	印　　张：14.5
版　　次：2018年7月第1版	印　　次：2018年7月第1次印刷
字　　数：192千字	定　　价：68.00元
ISBN 978-7-5130-5671-7	

出版权专有　侵权必究
如有印装质量问题，本社负责调换。

序

21世纪我国老龄化进程加速,老年问题已经成为备受关注的社会热点问题,由老年问题引发了一系列社会和经济问题,"老年休闲"就是其中之一。老年休闲研究不仅对健康老龄化的发展意义重大,对整个人类社会的和谐可持续发展也具有重要的现实意义和深远的历史价值。北京市作为我国的首都和国际型大都市,其老年人的物质生活质量和消费水平走在全国前列,老年休闲的发展程度也相对较高,因此将北京市作为老年休闲研究的实证案例点具有典型意义和实践价值。

休闲学作为一门较年轻的学科,理论体系和知识结构发展尚未完善,需要其他相关学科的理论基础支撑,因此本书在撰写过程中吸纳了社会学、哲学、经济学等学科前辈们的休闲研究,并且融合了城市地理学、旅游地理学、时间地理学、社会学等各类相关学科的理论研究成果,试图真正实现休闲研究跨学科的研究思路转变。

对实证研究而言,掌握最新最全面的一手数据至关重要,这也是本书的研究特点之一。在研究方法上,本书充分发挥休闲研究的多学科、跨学科的研究特点,综合社会学的定性与定量方法,根据跟踪类研究和比较类研究的需要,重点突出多种研究方法的应用,如等级量表法、层次分析法、行为调查法、案例研究法等方法和技巧,进行多种研究方法的互补结合,从而有效弥补单一研究手段的不足。

本书采取公园绿地调查、社区和街边访谈等形式,综合运用因子分析、方差分析、相关分析、回归分析、层次分析法等统计手段,在系统分析21世纪以来北京市的老年人口结构、经济结构、社会结构及城市休闲空间发展变化的基础上,以2000和2010年的两次抽样调查数据对比作为切入点,对北京市老年休闲行为的特征变异进行分析与讨论,并对老年休闲生活满意度评价指标体系的构建进行了初步探讨。全书主要内容分为七章:

第一章为引言部分,本章主要对全书的研究背景以及与老年休闲相关的基本概念与理论进行了初步介绍。

第二章为理论综述部分,对国内外老年休闲研究的相关进展进行了详细的综述和阐释。在国外成果方面,主要总结了西方休闲研究的发展历程,并针对本书的研究特点重点对2000年以后的老年休闲研究成果进行相关介绍;在国内成果方面,按照不同学科的研究视角和研究内容两方面分别进行综述。最后本章结合国际国内的不同研究特点,对目前国内休闲研究的发展现状进行了评述,并对未来的研究趋势作了展望。

第三章是本研究的背景分析部分。重点围绕北京市人口老龄化的演变过程和老年人口的空间分布格局展开论述,并对北京市人口老龄化的发展趋势和特征进行了归纳总结。

第四章是北京市老年休闲发展的影响因素解析。本章从客观因素和主观因素两个方面,对十年来影响北京老年休闲发展的各因素及其发展变化进行了系统梳理,为后文的实证分析章节作铺垫。

第五章是数据分析部分。本章对研究的调查过程、抽样选取方法和样本基本概况进行了详细说明和介绍,在数据统计的基础上对北京市老年休闲行为特征的时空变异进行分析和讨论,重点阐释其时空变异特征与内在机理。

第六章也是数据分析部分。本章从理论层面总结了休闲与老年生活满意度的互动关系,运用方差分析、因子分析等方法分析北京市老年休闲满意度的影响因子,并借鉴层次分析法等数学统计模型对城市老年休闲生活质量评估指标体系进行构建和探讨。

第七章是问题与对策部分。本章首先根据老年人的特殊生理与心理特点,分析了老年人对城市休闲设施与休闲空间的特殊需求,进而结合本研究的案例调查,指出北京市在应对老龄化城市的休闲需求过程中存在的不足与问题,在借鉴国外老年休闲管理经验的基础上,有针对性地提出北京市老年休闲空间与设施规划的相关对策与建议。

针对老年群体的实证研究本身就是一项很具挑战性的工作,老年人通常受到视力和听力的生理条件限制,在接受访谈和理解问题方面存在很大障碍,有时会有理解上的偏差,而且老年群体相对中青年人来说对新事物的接受程度也较慢,因此在调研中遇到的拒访率相当高,对老年群体进行访谈和调研的难度非常大,通常一个熟练的调查员在一个公园一上午仅能完成5份有效问卷。由于作者学识与能力有限,受时间、人力、精力等因素制约,本书还存在一些不足之处。由于问卷发放都集中在北京市各大市民休闲公园进行,相对来说被调查对象偏好于到公园空间进行休闲,因此在研究结论中偏重公园空间而缺少社区空间的分析,将来应在社区层面上分析城市老年休闲的动力机制与影响因子,以强化补充、提高老年休闲空间研究体系的完整性,同时针对住区规划等规划体制层面的调查有待进一步深化和加强。

本书从选题到最终出版得到了众多师长、同行和亲友的支持与帮助。首先要感谢我的授业恩师中国科学院地理科学与资源研究所研究员陈田先生,恩师治学严谨、和蔼可亲,他渊博的知识和敏锐的思维令我受益匪浅,时时起到醍醐灌顶之效。本书的主要内容来自我的博士毕业论文，从论文选题、开题到实地调研，以及撰写和修改都离不开恩师的悉心指导和谆谆教诲。不仅如此，恩师在生活中也给予我无微不至地关怀，尤其是在我博士怀孕期间对我的关心和包容，让我深深感动，不论我身处何地，恩师的教诲和鼓励都将铭刻于心。

本书的研究内容也有幸得到很多业内老师的指点，在此一一感谢：感谢中科院地理所毛汉英先生、刘家明老师、蔡建明老师对本研究提出的修改建议，高屋建瓴，细致入微；感谢中科院地理所钟林生老师在我调研期间给予的协助，钟老师孜孜不倦的科研精神使我深受启发；感谢北京联合大学刘德谦先生对我研究内容的支持和肯定，增强了我坚持老年休闲研究的信心。

同时还要感谢在我读博期间的诸位师门兄弟姐妹，科研路上我们建立起深厚的"革命友谊"，他们的鼓励和陪伴时时给予我前进动力。

感谢参与到调研工作中的首都师范大学和中华女子学院的学生们，他们用几个月的辛苦付出为本书提供了无比珍贵的一手数据。

感谢知识产权出版社责任编辑于晓菲女士在本书的出版过程中提供的耐心指导和帮助，本书的最终出版得益于知识产权出版社的大力支持。

最后，我要感谢我的母亲孙福荣女士，是母亲无私的爱支持着我走到今天，没有她的鼓励和包容，我也许坚持不到今天。如今母亲已经步入老年人行列，希望她的老年生活与休闲相伴，幸福安康！

王　蕾

2018年07月

目 录

第一章 绪 论 ·· 1
　一、研究背景 ·· 1
　二、相关概念与理论基础 ···························· 7

第二章 国内外老年休闲研究进展 ····················· 19
　一、国外老年休闲研究历程与发展趋势 ············ 19
　二、国内老年休闲研究的发展动态 ················· 33
　三、问题总结与展望 ································ 51

第三章 北京城市人口老龄化进程与空间分布特征 ·· 55
　一、北京市人口老龄化的演变历程 ················· 55
　二、北京市老年人口的空间分布格局 ·············· 62
　三、北京市人口老龄化的发展趋势及特征归纳 ···· 65

第四章 北京市老年休闲发展的影响因素解析 ······· 71
　一、北京市老年休闲发展的客观因素分析 ········· 71
　二、北京市老年休闲发展的主观因素分析 ········· 83

三、小结 ·· 89

第五章 北京市老年休闲行为特征变异
　　　　——以2000年和2010年为例 ················ 91
　一、样本选取说明及调查过程阐释 ················· 91

二、样本概况 ·· 98
　　三、老年休闲行为特征的时空变异分析 ············· 106
　　四、小结 ··· 127

第六章　城市老年休闲生活满意度及其评估指标体系构建 ······ 129
　　一、关于休闲生活满意度的理论探讨 ················ 129
　　二、北京市老年休闲满意度的影响因子分析 ········· 141
　　三、城市老年休闲生活质量评估指标体系构建 ······ 161
　　四、小结 ··· 170

第七章　北京老年休闲空间与设施规划的问题与建议 ········· 171
　　一、老年群体对休闲服务设施的需求细分 ············ 171
　　二、北京市在应对老年休闲需求过程中尚存在的问题 ··· 175
　　三、国外应对老年休闲问题的案例和基本经验 ······· 188
　　四、北京老年休闲空间与设施规划的相关对策建议 ··· 195
　　五、小结 ··· 203

参考文献 ·· 205

附表1　北京市现行的老年人优待政策 ····················· 217
附表2　北京市老年大学列表 ····························· 219

第一章 绪 论

一、研究背景

(一)时代背景

1. 全球老龄化进程加速,老年问题备受关注

人口老龄化是总人口中老年人口比例不断上升的变化过程,是伴随着人口转变而发生的一种人口年龄结构变化的人口现象。无论是西方的人口转变理论还是非西方的人口转变经验都认为:城市化、工业化与现代化导致了人口转变,而人口转变又必然导致人口的老龄化。从根本上讲,这种人口转变是医疗进步、社会进步和经济发展的直接结果,这正是今天全球迎来人口老龄化的背景。

20世纪50年代以来,世界人口发生了前所未有的巨大变化,世界人口从1950年的约25亿人增加到21世纪初的超过60亿人,短短50年间世界人口翻了一倍多。根据联合国官方统计数据显示,2050年发展中国家人口将达到77亿人,占世界人口的86%,这将极大地改变世界人口的分布格局。在世界人口数量变化同时,人口年龄结构也在发生巨大的变化。根据联合国预测,2050年世界人口将达到近90亿人,其中60岁及以上人口将第一次历史性超过少年儿童人口,形成人口倒金字塔结构,这种人口年龄结构的变化在世界人口史上从未出现过。正如日本著名人口学家黑田俊夫所言，1950年至2050年为"人口世纪"，是人类人口史上前所未有的100年，前50年是世界人口数量增长最快的时期；后50年则是人口年龄结构变化最迅速的时期，因此也有人将21世纪称为"老龄世纪"（李建新，2005）。

老龄化进程的加速引起了全球各界的广泛关注，迄今为止，联合国已经分别于1982年和2002年在奥地利维也纳和西班牙马德里召开了两届"世界老龄大会"，将老龄化纳入全球发展计划，先后通过了《老龄问题国际行动计划》《十一国际老年人节》《联合国老年人原则》《1992—2001年解决人口老龄化问题全球目标》《世界老龄问题宣言》《1999国际老年人年》等一系列重要决议和文件，以期增强人们对人口老龄化问题和老年人问题的重视。

2. 中国城市飞跃式发展，养老模式发生转变

中国是世界老年人口最多的发展中国家，全球60岁以上老年人口的1/5生活在中国，截至2010年，中国的老年人口已经达到1.77亿人，其中65岁及以上人口1.18亿人，占全国总人口的比例达到8.87%[1]。国际上通行以老年人口占总人口的比重作为衡量老龄化的指标，即60岁及以上老年人口的比重达到10%以上，或者65岁及以上老年人口的比重达到7%以上。按此标准，中国进入老龄化社会的时间是2000年。欧美国家一般在人均GDP达到5000~10000美元时进入老龄化社会，中国目前只有2000多美元的水平。65岁以上老人占总人口的比例从7%增长到14%，法国用了115年，瑞典用了85年，美国用了75年，英国和德国用了45年，日本用了30年，而中国只用了21年。在杭州召开的国际老龄协会第十六届大会上曾提到，到21世纪中叶，中国老年人口将超过4亿，占总人口的25%左右。

---

[1] 根据2011年4月28日，中华人民共和国国家统计局发布的第六次全国人口普查数据公报（第1号），我国60岁及以上人口为177648705人，占13.26%，其中65岁及以上人口为118831709人，占8.87%。

随着中国城市化的加快,中国的老年人口扶养模式也出现了许多新特征。根据中国的国情,"社区养老""居家养老"模式正受到普遍推广,老龄社区必将成为社会养老方式的主流形式(李斌等,2006)。这些新型的社会保障模式也给老年人的休闲生活带来了新的变化,老年人在物质生活得到保障和满足的同时,更加注重精神文化生活质量的提高。同时传统的祖孙几代的大家庭结构逐渐被"空巢家庭""独居老人"的小家庭结构替代,家庭结构的变化导致老年人社会交往的模式出现变异,产生新的老年心理和休闲需求问题,这些都急需老年休闲研究者们共同关注和妥善解决。

(二)实践背景

1. 北京面临"银色浪潮"的冲击

老龄化既是城市化的必然结果,又同时影响着城市化的发展。随着人口的自然变动和机械变动,北京市人口的年龄结构总的发展趋势是迅速老龄化,人口类型从年轻型、成年型向老年型转变。从表1-1可看出,20世纪90年代初,北京市人口的年龄结构类型处于由成年型向老年型过渡的阶段,到2000年人口的年龄结构已经完全转变为老年型(北京市人口普查办公室,2005)。2010年第六次全国人口普查数据表明,北京市60岁及以上老年人口已达170.9万人,占常住人口的8.7%,与2000年的"五普"数据相比,65岁及以上人口的比重上升了0.3个百分点。有研究者应用国家计划生育委员会开发的中国人口预测软件(CPPS)进行预测显示,今后40年北京市人口年龄结构呈快速、严重老化趋势,2050年北京市60岁以上的老年人口将达40%以上,即每10人中就有4位是老人(马小红,2003),这对未来首都经济社会发展所带来的影响是不言而喻的。老年问题将会日益突出,北京市将会面临全方位"银色浪潮"的冲击。

表1-1 北京市人口年龄结构类型演变（单位：岁、%）

项目	年轻型	成年型	老年型	1982年	1990年	2000年	2008年	2010年
少儿人口比例（0~14岁）	40+	30~40	30~	22.4	20.2	13.6	19.0	8.6
老年人口比例（65岁及以上）	4~	4~7	7+	5.6	6.3	8.4	8.3	8.7
老(65岁及以上)少(0~14岁)比	15+	15~30	30+	25.2	31.5	62.0	43.7	101.16

资料来源：根据www.bjstats.gov.cn及北京市第六次全国人口普查公布数据整理。

2. 北京率先进入老年休闲经济时代

世界发达国家目前已逐步进入休闲时代。在国内，北京及上海、广州、深圳等一些现代化国际大城市会率先迎来一个全新的"休闲经济时代"。

根据北京社会心理研究所于2006年4—5月进行的一项调查显示，北京市民的一年中实际休闲时间大约为1184小时，约合49.3天，而市民认为一年理想的休闲时间为1445.8小时，约合60.2天；在休闲活动方式上，文化娱乐方面的休闲消费活动占很大比重，在平时有64.7%的市民经常选择"文化娱乐"这种休闲消费方式，在"五一""十一"等长假期间有36.9%的市民选择"文化娱乐"这种休闲消费方式（王惠，2006）。

自1999年以来，随着假日改革制度的出台，我国居民的休闲时间获得大幅度提升，全年法定公休日和节假日总计为114天，已经接近世界发达国家的水平，而老年人的年均闲暇时间则会更长。据中国人民大学王琪延教授所做的"中国人的生活时间分配"研究组的调查情况统计结果(见表1-2、表1-3),无论是男性还是女性老年人都以"看电视"作为主要的休闲方式,其次是"游园散步、旅游"和"体育锻炼"(王琪延,2000)。老年人的闲暇时间分配方式,充分说明了他们对休闲养生、户外休闲活动的偏好,把握这一特点对于拉动北京老年休闲经济、促进老年休闲市场具有重要作用。另外,随着北京市老年人人均收入的逐年增加,老年休闲消费产业的发展前景十分可观。

表1-2 男性离退休后的闲暇时间分配(周平均)

单位:分钟

年龄	学习	阅读	听广播	看电视	观看展览演出	游园散步、旅游	体育锻炼	其他娱乐	闲坐	教育孩子	亲友交往	公益活动
60~64岁	9	34	23	254	1	31	24	42	28	6	25	3
65~69岁	7	39	33	242	1	46	35	43	46	4	24	5
70岁及以上	10	41	27	251	0	43	39	48	41	4	24	7

表1-3 女性离退休后的闲暇时间分配(周平均)

单位:分钟

年龄	学习	阅读	听广播	看电视	观看展览演出	游园散步、旅游	体育锻炼	其他娱乐	闲坐	教育孩子	亲友交往	公益活动
60~64岁	12	21	19	236	1	29	38	39	34	2	28	5

续表

年龄	学习	阅读	听广播	看电视	观看展览演出	游园散步旅游	体育锻炼	其他娱乐	闲坐	教育孩子	亲友交往	公益活动
65~69岁	5	22	24	246	1	34	28	46	44	3	27	4
70岁及以上	3	26	25	241	0	37	26	41	73	4	17	1

资料来源：马惠娣，等.中国老龄化社会进程中的休闲问题[J].自然辩证法研究，2002，18(5)：58-62.

（三）研究背景

随着改革开放的深入和我国经济持续良好的发展，城镇居民的生活水平得到普遍提升，导致人们的社会生活方式正在发生深刻的变化，休闲正在逐步成为我国城镇居民重要的生活主题，休闲理论和休闲研究也取得长足进步。虽然我国学者对老年问题和老龄化的相关研究成果很多，但是对于老年群体的休闲问题的关注明显弱于对"老年保障""养老"等问题的关注力度。可以说，在城市老龄化问题日趋严重、老年休闲市场的需求日益旺盛的背景下，老年休闲研究的理论成果还远远不能满足老年休闲实践的要求。

就国内现有的老年休闲研究成果而言，已有的实证研究多集中在北京、上海、广州、杭州、南京等大城市，研究手段多采用问卷调查法，尤其是近几年关于老年休闲的研究成果数量呈不断上升趋势。但是对这些研究成果进行分析后不难发现，很多研究在结论或分析上存在一定相似之处，在结束时老年休闲行为的初步调查之后鲜有持续的跟踪研究,在研究深度和研究时间跨度方面与国外的老年休闲研究相比尚存在明显不足。

二、相关概念与理论基础

(一)关于"休闲"的概念阐释

休闲的概念内涵十分丰富,我国著名的休闲学家马惠娣(2004a)曾经将"休闲"称为"人们美丽的精神家园",由此可见,休闲是一种精神的态度,她在人类社会进步的历史进程中始终扮演着重要的角色,休闲对于人之生命的意义来说越来越具有重要地位。

1. 关于"休闲"的词义学考证

在英文词义学的考证中,英文"Leisure(休闲)"一词来源于古法语"Leisir",意指人们摆脱生产劳动后的自由时间和自由劳动,而该词又来源于希腊语和拉丁语"Licere"。经考证,"休闲"一词最早出现在希腊文学中,希腊语中的"休闲"为"Skole",拉丁语为"scola",意为休闲和教育活动,表示从事休闲活动与教育活动之间存在着某种内在的关系,即休闲活动是以接受一定的教育为前提的。在英文"Leisure"的释义中关于"休息"的含义很少,关于"消遣"的含义也不明显,它主要是指"必要劳动之余的自我发展",这表明了"休闲"一词所具有的独特的文化精神底蕴,休闲娱乐与自我发展相辅相成。在拉丁语中同样也能找到这种排斥关系,拉丁语"otium"(表示"休闲""闲逸")的反意为"neg-otium"(字面意为"事务、商业、劳动")❶。

在我国,自古就有关于"休闲"的词义解释,同样具有与英文相似的含义。"休"在《康熙字典》和《辞海》中被解释为"吉庆、欢乐"的意

---

❶罗歇·苏.休闲[M].北京:商务印书馆,1996:18.

思。"闲",通常引申为范围,多指道德、法度。此外,有限制、约束之意。"闲"通"娴",具有娴静、思想的纯洁与安宁的意思。从词意的组合上,表明了休闲所特有的文化内涵,表达了人类生存过程中劳作与休憩的辩证关系,又喻示着物质生命活动之外的精神生命活动。在现代汉语中,休闲与闲暇、休暇、休憩等词语互通。《汉语大词典》❶对"休""闲"以及"休闲"都作了较为详尽的阐释,"休闲":①犹言空闲、闲适,正如唐朝孟浩然《同张明府碧溪赠答》一诗中所云"秋满休闲日,春徐景色和";②指农田在一定时间内不种作物,借以休养地力,有休闲地一词。休,一指休息。二指休假。三指停止。闲,一指休假;二指空阔宽大;三指安静;四指悠闲;五指止息。总而言之,从语义上来讲,汉语中的"休闲"包含了两层含义:休,即停止劳作、休假、休息;闲,即闲适、悠闲。

2. 国外学者对"休闲"的概念理解

国外学者对休闲的概念描述最早可以追溯到古希腊时期,著名哲学家亚里士多德曾提出"that leisure is the center-point about which everything revolves(休闲才是一切事物环绕的中心)"(Pieper,2009)。在后人的研究中,马克思是其中比较有代表性的一位。在马克思眼中:"休闲"一是指"用于娱乐和休息的余暇时间";二是指"发展智力,在精神上掌握自由的时间";是"非劳动时间"和"不被生产劳动所吸收的时间",它包括"个人受教育的时间、发展智力的时间、履行社会职能的时间、进行社交活动的时间、自由运用体力和智力的时间。"❷在马克思看来,休闲是人生命活动的组成部分,是社会文明的重要标志,是人类全面发展自我的必要条件,是人类生存的追求目标。休闲

---

❶汉语大词典编辑委员会,汉语大词典编纂处.汉语大辞典[M].上海:上海辞书出版社,1986.

❷中共中央马克思恩格斯列宁斯大林著作编译局.马克思恩格斯全集(第26卷,第3分册)[M].北京:人民出版社,1975:287.

既包括积极、主动地发挥人的本质力量的较高级活动,也包括消极、被动的一些消遣活动,但休闲的价值主要体现在第一种活动中(马惠娣,2004a)。

当代美国休闲学研究专家Geoffrey Godbey对西方传统的"休闲"定义进行了分类,将之解读为:时间(time)、活动(activity)、存在方式(state of existence)和心态(state of mind)(吕勤,2008)。从中可以发现休闲研究存在四种不同的视角维度,因为视角不同,对休闲的定义也呈现出不同的特点。

(1)从时间(time)维度出发的定义。

学者们经常会将"休闲"与"自由时间"等同起来,《马克思恩格斯全集》的英文版本中,休闲即被译为"Freetime"。这种定义虽然涉及休闲的本质,但"自由时间"分为多种,不同社会群体的自由时间也千差万别,如失业者、学生、患者等,要区分哪些是与休闲有关的自由时间并不容易。

(2)从活动(activity)维度出发的定义。

从社会活动的视角来看,休闲被认为是一系列不同类型的活动。但是,休闲并非仅仅是活动本身,它是一个完整的过程,只是这种过程必须要通过某种具体的活动载体才能实现。

(3)从存在方式(state of existence)维度出发的定义。

休闲也经常被理解为用来表达人们从容自若、安宁静谧、忘却时光的状态,于是休闲被视为一种优雅的存在状态。然而,这并不是休闲的本质追求,人是社会性的动物,不可能完全脱离社会生活的约束与责任,这是极不现实的。

(4)从心态(state of mind)维度出发的定义。

心理学家将休闲定义为一种心态,强调休闲的真正含义是一个人无论外部环境如何都是自由的,是人在控制着局面,而不是被环境所控制。心态虽然是休闲的重要组成部分,但这种定义将个体感知与客观存在人为隔离,是一种"唯心论"的表现,也是片面的。

总而言之,每一种研究视角对于休闲的定义都有各自的侧重点,但都未能将休闲的全部含义融合为一体,"休闲"的概念外延不仅仅局限于这四个维度的范围,它们之间的关系如图1-1所示。

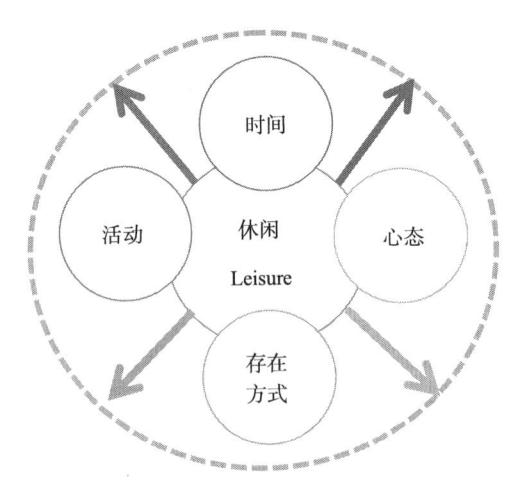

图1-1 休闲与其四维度之间的概念关系

3. 本研究对"休闲"的定义

国内当代学者对休闲的理论研究最早始于20世纪80年代,但当时着眼于休闲的理论研究并不多见。借鉴国外研究者的"休闲"概念,可以发现,"时间"因素与"活动"因素是休闲的客观条件和物质载体,并不是休闲的本质与目的,休闲的终极目标是要满足人类的精神需求,使参与休闲的个体获得一种积极的、有价值的体验,完成个体的社会化过程。因此,在本研究中将"时间""活动"与"体验"三要素结合在一起来定义休闲是比较科学与合理的。

在本研究中,由于研究对象是老年人,因此休闲给老年群体带来的精神价值与生命意义更为重要,老年人参与休闲的满意度直接影响着老年休闲事业的发展。所以,本研究对于休闲的定义在将"时间""活动"与"体验"三要素相结合的基础上,更加强调"体验"的重要性。具体定义为:休闲(Leisure)是指在非劳动及非工作时间内以各种"玩"的方式求得身心的调节与放松,达到生命保健、体能恢复、身心愉悦的目的的一种业余生活。科学文明的休闲方式,可以有效地促进能量的储蓄和释放,它包括对智能、体能的调节和生理、心理机能的锻炼。在本研究中,休闲包括两个方面的含义:一是解除体力上的疲劳,恢复生理的平衡;二是获得精神上的慰藉,成为心灵的驿站。

(二)与本研究相关的其他基本概念

1. 闲暇时间

闲暇时间(Leisure Time)不是闲得无聊虚度光阴,而是人们每天除工作时间和睡眠、用餐及家务劳动等生活必要时间以外,用于个人发展、文化娱乐、消遣、社会交往等个人可自由支配的时间。闲暇时间的不断增多,是人类社会进步的一个重要标志。

2. 人口老龄化

人口老龄化(Aging of Population)是指总人口中因年轻人口数量减少、年长人口数量增加而导致的老年人口比例相应增长的动态过程。人口老龄化是现代社会出现的人口现象,是随着死亡水平和生育水平下降而必然出现的人口年龄结构的变动趋势。广义的"人口老龄化"包括个体的老化和整个人口群体的老化这两种含义。而就一般而言,本书研究的"人口老龄化"是指总人口中年轻人口数量相对减少、年长人口数量相对增加而导致的老年人口比例相应增长的动态过程。目前,国际上通用的判断"人口老龄化"的具体标准是——通常把60岁以上的人口占总人口比例达到10%,

或65岁以上人口占总人口的比重达到7%作为一个国家(或地区)是否进入老龄化社会的标准。

"人口老龄化"的衡量指标大致可以划分为三大类:反映人口老龄化程度的指标,反映人口老龄化速度的指标和抚养比指标。国际上一般用四个指标来反映人口老龄化程度,即年龄中位数的上升、60岁或65岁及以上老年人口占总人口比重的上升、0~14岁少儿人口占总人口比重的下降,以及老少比的上升。

3. 健康老龄化

健康老龄化(Health Aging)是指个人在进入老年期时在躯体、心理、智力、社会、经济五个方面的功能仍能保持良好状态。联合国提出,将健康老龄化作为全球解决老龄问题的奋斗目标。一个国家或地区的老年人中若有较大的比例属于健康老龄化,老年人的作用能够充分发挥,老龄化的负面影响得到制约或缓解,则其老龄化过程或现象就可算是健康的老龄化,或成功的老龄化。

4. 积极老龄化

积极老龄化(Active Aging)是世界卫生组织在1999年"健康老龄化"基础上提出的一个新观点、新理论,其在2002年联合国第二届世界老龄大会上提出并被接受,目前已成为世界各国关于老年健康政策拟定的核心概念之一。为了使老龄化成为正面的经验,长寿必须具备持续的健康、参与安全的机会,因此"积极老龄化"被定义为:使健康、参与和安全达到最适化机会的过程,以提高每一位老年人的生活品质。此定义也呼应了世界卫生组织对健康的定义——身体、心理、社会三方面的安宁美好状态,以及注重基层健康照顾的做法。

5. 社区

社区(Community)这一概念最早是由德国社会学家赞迪南德·腾尼斯1887年提出来的。我国社会学家费孝通认为,社区是指由若干社会群体(家庭、氏族)或社会组织(机关、团体)聚集在某一地域形成的一个生活上相互关联的大集体。在我国,城市社区主要是依托街道或居民小区发展的(郑杭生,2000)。在旧的管理体制下,我国的社区发展较为缓慢。但随着政治、经济体制改革的不断深入,城市的管理重心不断下移,企事业单位的社会性功能逐步弱化,社区的地位不断上升。原来由政府和单位承担的非生产性、非行政性服务逐步转给了社区,社区成为现代城市生活的重要载体之一,并由此带动了社区服务业的长足发展。

(三)老年休闲研究的相关理论

1. 生命路径理论(Life Path Theory)

生命路径理论(Life Path Theory)理论最早是1969年由瑞典著名地理学家哈格斯特朗(T. Hägerstrand)提出的,他把人口统计学的生命线(Life Line)概念加上空间轴后得到的生命路径(Life Path)概念应用于人口移动的传记性研究中,成为后来提出时间地理学的契机。所谓生命线就是人类个体在时间轴上的连续表示,而生命路径则是时空坐标轴上个人活动的连续表示。随着时间的推移,个人的移动从出生地点开始,经过许多活动地点,最后在死亡地点终结,将这种一生的路径在时间轴和空间轴上表示出来就是生命路径。该理论为研究老年休闲提供了新的思路,为从微观层面研究老年休闲行为提供了借鉴。

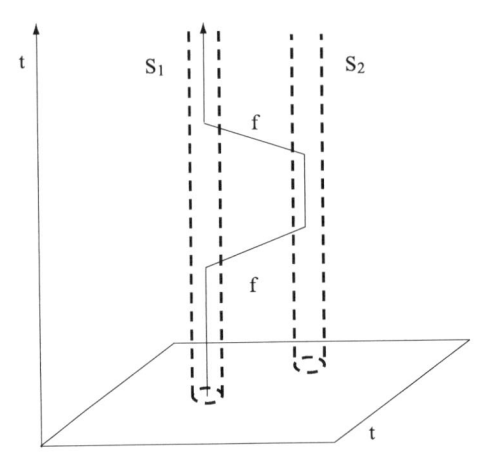

图 1-2 生命路径示意图

注：横轴平面表示空间，纵轴表示时间，实线代表人的活动过程，S_1、S_2表示停留点，f表示迁移（资料来源：Pred，1977）

2. 社会参与理论（Social Participation Theory）

社会参与的指向是社会，所强调的是"老年人能够按照自己的需要、愿望和能力参与社会"，每位老年人在自己的需要、愿望和能力的指引下所参与的可能是正规的工作岗位，也可能是非正规的工作岗位；从事的可能是有报酬的工作，也可能是无报酬的工作，还可能参与民间社团、老年协会、私营机构、老年大学、学术团体、文体团体，或是志愿者，甚至参与宗教团体的活动等。此定义所强调的社会参与主要是指老年人，如图1-3所示，它指出老年人社会参与要在以下三个条件下进行：能力，需要和愿望，这三个条件缺一不可，老年人在具备这三个条件的基础上进行社会交往、社会参与和社会分享过程，最终达到自我实现的目的，而通过自我实现又可以对老年个体进行反馈，如此不断形成老年人自我价值的提升。老年人是一个特殊群体，它的特殊性不仅表现在生理方面，还表现在其价值方面。老年休闲包括个体休闲和群体休闲两种方式，群体休闲本质上就是一种社会参与行为。因此,我们要在完全尊重老年人的基础上实现老年人的社会参与过程,这种参与应该是积极主动的社会参与,而不是被动的老年社会参与。

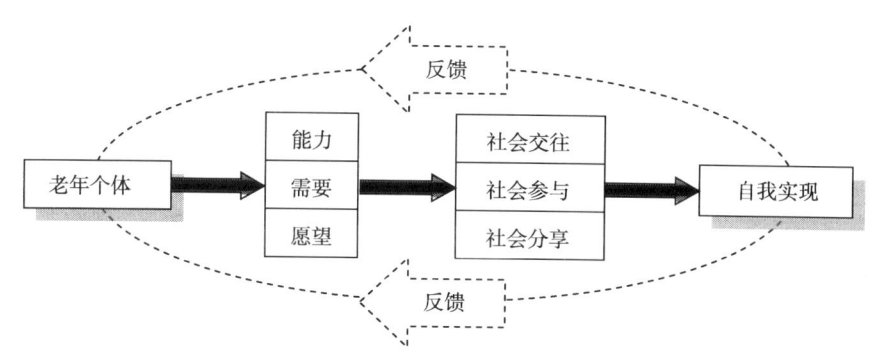

图1-3 老年人社会参与过程及其与自我实现的关系

3. 社会角色理论(Social Role Theory)

"角色"本是戏剧中的名词,指演员扮演的剧中人物。20世纪20—30年代一些学者将它引入社会学,进而发展为社会学的基本理论之一。社会角色是指与人们的某种社会地位、身份相一致的一整套权利、义务的规范与行为模式,它是人们对具有特定身份的人的行为期望,它构成社会群体或组织的基础。具体来说,它包括以下四方面含义:角色是社会地位的外在表现;角色是人们的一整套权利、义务的规范和行为模式;角色是人们对于处在特定地位上的人们行为的期待;角色是社会群体或社会组织的基础。

老年人的社会角色不是孤立存在的,而是与其他角色联系在一起,构成相应的角色集,并且随社会环境的变迁而发生改变,因此,准确把握新时代老年社会角色的变迁是研究老年休闲问题的基本前提。

4. 社会互动理论（Social Interactions Theory）

社会互动理论与社会参与理论的群体活动和社会过程是由互为条件和结果的社会行动为基础的。当相关双方相互采取社会行动时就形成了社会互动。社会互动也称社会相互作用或社会交往，它是人们对他人采取社会行动和对方作出反应性社会行动的过程——即我们不断地意识到我们的行动对别人的效果，反过来，别人的期望影响着我们自己的大多数行为。它是发生于个人之间、群体之间、个人与群体之间的相互的社会行动的过程。

社会互动是老年人休闲生活的重要方式，良好的社会互动关系对老年休闲生活质量的保证具有重要意义，它不仅能够提高老年自身的生活满意度，更有利于促进整个老年社区的和谐发展。

5. 老年亚文化论（Old Sub-culture Theory）

老年亚文化论最初是由美国学者罗斯（Rose）提出的。该理论解释了老年人社会参与的态度和行为，回答了老年人社会参与的心理需求问题，即只有在同群体中才能减少压力、获得快乐，旨在揭示老年群体的共同特征，并认为老年亚文化群是老年人重新融入社会的最好方式。按照罗斯的观点，只要同一领域成员之间的交往超出和其他领域成员的交往，就会形成一个亚文化群。老年人口群体正是符合这个特征的一种亚文化群体。

根据老年亚文化论的观点，老年人参与同龄群体的活动及其对亚文化的体验，可以帮助他们顺利地向老年阶段过渡。其他的一些活动也有这样的效果，如孤寡互助计划，是老年人彼此之间的相互帮助活动；退休老人志愿队，是老年人为社会提供尽可能大帮助的组织；祖父母抚养计划，则是老年人帮助年轻人的活动。

6. 需求层次理论（Maslow's Hierarchy of Needs）

需要层次理论由美国人本主义心理学家马斯洛（Maslow）提出，试图回答"决定人的行为的尚未达到满足的需要是什么内容"。其基本点一个是人是有需要的动物,其需要取决于已经得到什么,还缺什么。一个是人的需要是有层次的。人的需求由低到高分为五个层次,即生理的需要、安全的需要、社交或情感的需要、尊重的需要、自我实现的需要。

对于老年人而言,归宿、社交或情感的需要,是老年人社会参与的主导需要。社交、情感与归宿需要是自我实现需要的前提和基础。随着我国人民生活水平的提高,城市老年人的精神需求也越来越高。而越来越多的离退休老人,离开单位回到社区,因地域或多或少地疏离了与社会的密切联系,容易产生失落感、孤独感和空虚感。因此,在社区内建立新的社会关系,结交新的朋友,继续参与社会生活,以便在新的社区生活环境中重新塑造自我,实现心理平衡,保持精神健康成为迫切需要(李宗华,2009a)。在"老年成就感"实现后,可以进一步实现自我价值并逐步达到自我完善。

第二章 国内外老年休闲研究进展

一、国外老年休闲研究历程与发展趋势

(一)西方休闲研究发展历程回顾

1. 近代西方的休闲研究理论

近代工业文明的高度发展,一方面提高了生产效率,使人们的闲暇时间和物质财富增多,为追求精神生活的满足提供了可能;另一方面,社会的现代化压抑了人类的本真,人们开始以重新考量休闲为基点,对传统信仰和现代文明进行反思。

1899年,美国经济学家、哲学家、社会学家、制度学派创始人托尔斯坦·本德·凡勃伦的《有闲阶级论》[1]的出版标志着以人们的休闲观念、休闲行为、休闲方式、休闲需求等为研究对象,探索休闲对于人类生命、人类文明、社会进步的影响和意义的休闲学科在美国正式诞生。由此在近代西方,诞生了以凡勃伦为代表的"批判现实主义学派"的休闲研究学者。在凡勃伦看来,休闲者是那些优雅地花掉每月到手的钱的人,其休闲的目的就是用于炫耀性消费金钱和时间,就是有意追求那些没有结果的事务。这一观点对阶级特权进行了强烈批判,虽然带有一定社会局限性,但提出消费是有闲阶层打发时间的主

---

[1] 中译本:凡勃伦.蔡受百,译.有闲阶级论[M].北京:商务印书馆,2009.

要方式这一论断对当代休闲产业研究具有重要意义。

随后法国社会学家 Dumazedier(1960)提出了休闲的"三要素论",指出休闲包括单个密不可分的部分:放松,娱乐和个性发展。而有的学者则综合各种观点提出了"整体论",即认为休闲与工作没有界限,要将生活看做一个整体,该理论扩大了"休闲"的概念外延。持"整体论"的学者通过"休闲谱系"(LES:Leisure Experience Spectrums)来表示"休闲"的不同方面:通过对群体的随机抽样获取他们在休闲时所从事的活动内容,然后将多年积累下来的答案进行分类整理,得到这种休闲活动谱系(见图2-1),内容包括运动、保养、休息、思考、社会交往、成长,其中保养和社会交往所占的比重相对较大。

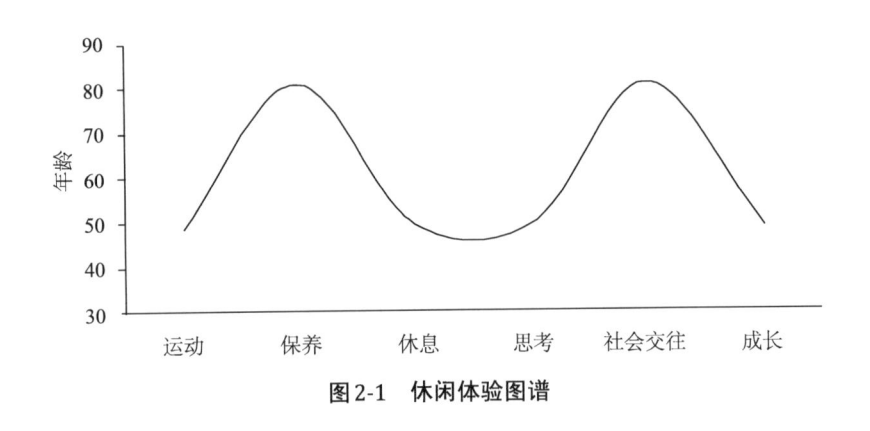

图 2-1 休闲体验图谱

2. 当代西方的休闲研究

随着西方社会工业文明的不断进步,社会有闲阶层大量出现,休闲研究也逐渐进入研究者的视野。回顾当代西方的休闲研究历程,根据不同的社会特征可以将其大致分为以下几个主要时期。

第一阶段:20世纪中叶以前——"自发研究"时期

西方的休闲研究可以追溯到19世纪后期,当时在先期进入工业社会的几个国家中兴起了对国民休闲状况的调查研究。研究者们用闲暇时间分配结合其他社会指标来反映国民生活实态、生活质量、生活结构,内容涉及闲暇时间的价值、闲暇和劳动的选择、闲暇对传统社会模式和生活模式的影响、闲暇时间与产业结构的调整、闲暇时间与生活质量的关系、闲暇与城市建设等问题(叶文等,2006)。本时期的研究特色更多的是侧重于对闲暇时间的调查,较少涉及休闲态度以及休闲满意度等心理层面的调查。

随后,到了20世纪初,苏联、美国、英国、法国、德国及日本等国家的社会学学者在研究人的生活质量、生活方式的时候,也把闲暇时间的拥有量作为衡量的标准。研究者普遍将闲暇时间作为衡量生活质量和生活水平高低的标准。在研究方法上为了便于调查实施,当时的研究者多把研究周期设定在一年内,探讨在此周期内的闲暇时间分配问题。而到了20世纪中叶,西方的休闲研究对象仍然主要集中在休闲现象等方面,尤其是城市休闲问题方面。其中最著名的代表作就是前文中提到的凡勃伦的《有闲阶级论》,他将休闲这一社会经济现象纳入经济学的分析框架进行研究。

总体来看,这一阶段的西方休闲研究还只是停留在零散的、非系统性的阶段,对休闲问题的研究也比较浮于表面,研究的主题主要限于休闲现象、休闲在日常生活中的意义、运动与休闲等一般性问题。而研究者主要来自于哲学、历史学、经济学等几个主流的研究领域,边缘学科的休闲研究并不多见,而且真正意义上专门从事休闲研究的专业人员也是屈指可数。因此,可以将这段时期称之为"自发研究"时期。

第二阶段:"二战"后至20世纪70年代——"逐步深入"时期

第二次世界大战后,西方社会的工业化进程加速,这使得人们前所未有地拥有了大量的闲暇时间,休闲问题逐步成为社会关注的热点问题,国际上的研究者们对休闲问题也体现出较大的关注度。自

20世纪50年代开始,西方学术界涌现出较大规模的城市休闲研究,尤其在20世纪60年代以后,西方发达国家进入到后工业社会时期,其国民收入与闲暇时间都显著增加,国民的休闲需求随机迅速升温,"休闲"已经演变成为一种普遍的社会经济现象,"休闲"的社会功能发生很大变化,由此产生了一系列相应的社会问题、经济问题和文化问题,因此,"休闲"研究在学术研究领域也得以真正建立自己的地位和学术价值。

相比较前一阶段的自发研究,本时期的西方休闲研究者们更多地关注休闲活动的开展对个体个性重建和完善自我的作用,关注个体的休闲需求和休闲满意度等课题。例如,20世纪60年代初,日本广播电视文化研究中心曾先后两次对日本人看电视、听广播的习惯进行了大型的社会调查,目的在于为广播电视节目的设计提供参考,这实际上反映出"电视"这一新型的休闲娱乐载体在人们日常生活中的地位以及在当时社会中"电视"对人们生活方式的影响。与此同时,部分研究者也开始从社会建制的角度来分析公共政策对休闲活动和休闲行为的影响,其中最具有代表性的人物有苏联的普鲁登斯基,他于1959—1965年完成了对10万多人的生活时间调查,对工人、技术员、工程师等群体的生活时间结构作了大量细致的分析,为政府有关部门进行人力资源、教育设施、公共服务等决策论证提供了基础数据(马惠娣,张景安,2004a)。这个时期,西方休闲研究的研究领域转向从社会学、心理学的角度来揭示休闲的本质与意义,重点开始对休闲现象进行更深入的分析和探讨,从而使得休闲研究在更高的层面上得以开展。

第三阶段:20世纪80年代至今——"备受关注"时期

进入20世纪80—90年代,休闲产业成为西方发达国家国民经济的重要产业之一,有的西方国家甚至将发展休闲产业作为拉动经济内需的主要战略措施,因此,在学术界关于休闲经济和休闲产业方面的研究日益受到重视,而针对国民闲暇时间的研究逐渐成为休闲研究的主流。尤其是自20世纪90年代以来,在北美和欧洲的休闲研究学术圈内,闲暇时间的研究越来越成为学术界关注的焦点。随着人们休闲时间的增多,休闲活动类型的多样化,休闲行为的市民化和大众化,休闲认知的不断提高,闲暇时间利用状况以及休闲活动类型和活动空间的调查成为社会学家、经济学家和休闲学者的研究重点,关于国民休闲状况的调查研究也大规模地开展起来。调查研究所涉及的内容涵盖了闲暇时间的数量、分布、使用状况,闲暇时间内的活动内容、方式和活动空间及范围,休闲产品的公共提供状况以及市民休闲活动的满意度和需求等多方面。通过这些休闲状况的调查与分析,为制定全民休闲制度以及休闲产业发展策略提供一定的指导。在这一时期,部分研究者开始尝试将经济学的基本理论应用到休闲学的研究当中,而另有部分学者则对闲暇经济与休闲产业发展的未来趋势给予特别关注。本时期的休闲研究对象不再局限于社会有闲阶级,而是涉及更多的边缘性社会群体,如女性群体、老年人群体、残疾人群体等社会弱势群体的休闲研究逐步涌现,并把调查休闲状况与解决社会问题放到同一层面来研究,体现出更多的人文关怀。

纵观西方学术界的休闲研究发展历程,从宏观角度来分析,可以将其休闲研究特征归纳为以下几点。

(1)多维研究视角的介入。

国外学者在此领域的研究中,吸纳了来自多种学科不同学术背景的学者参与,包括社会学、经济学、文化人类学、心理学、政治学等学科。由此进行的休闲研究涉及休闲时间的总量、休闲行为以及休闲态度等多方面的内容。同时,所涉及的调查群体也是多个层面的,充分考虑到了不同人群的休闲状况调查,以及不同兴趣爱好群体的休闲状况。

(2)重视普查性研究与专项性研究相结合。

国外学者在探讨休闲问题时,着重关注全民的休闲状况的普查性调查,同时也把研究重点集中于某个特定的群体,如女性、青少年、残疾人等特殊群体的休闲状况的实证研究。不仅如此,国外学者也很重视不同的休闲方式对人们生活方式的影响,把休闲研究放在一个大的社会背景下来进行研究。

(3)普遍偏好采用社会学的调查研究方法。

国外学者在对休闲状况作调查时,多采用社会学的调查方法,在发放大量调查问卷的基础上获取资料,分析不同的人口统计特征下的休闲群体的休闲现状,以此获得对整个社会的休闲状况的全面资料。尤其在调查中较多采用"时间日志"的调查方法来分析人们闲暇时间的分配及利用状况。这实际上是采用严格的、规范研究的方法来探讨休闲问题。

(4)侧重休闲研究结果的实用性价值。

国外学者在作休闲状况调查研究时,不仅把其作为休闲理论研究上的资料搜集的途径,同时也重视其应用价值,通过休闲状况的调查,全面、深入地掌握大众休闲的状况,为休闲服务产业的供给以及政府政策措施的制定提供理论上的依据。一些民间团体、社会组织,以及政府咨询部门都参与到休闲状况调查中来。

(二)国外老年休闲研究的主要成果

国外学者早在20世纪初就开始了对老龄问题和老年问题的研究,但研究视角多集中在医学、生物学、心理学等领域,且基本都侧重于对老年身体机能和精神状态的研究内容,涉及老年休闲领域的研究并不多见。随着西方社会老龄化进程的加速,国际社会对老年问题倍加关注,社会学、经济学、地理学等相关领域的研究者也加入到老年研究的队伍中,老年休闲问题才逐渐引起了各国老年学者的重视。

鉴于本书对于研究对象的时间范畴有所界定,所以这里仅对2000年以来的国外相关研究成果进行综述分析。在资料整理中可以发现,国外学者的研究方法较为严谨且形式丰富,多以实证研究为主,理论研究数量相对较少。从实证研究的地域分布上看,以美国、加拿大、英国等发达国家占据的研究数量最多,发展中国家的老年休闲研究明显滞后。

1. 理论研究的主要成果

在2000年以后的国外献资料当中,理论研究方面比较具有代表性的主要观点有如下几种。

在北美,美国学者Kerschner和Pegues(1998)提出了"生产型老龄化"(Productive Aging)的概念。"生产型老龄化"认为老年人是智慧和经验的资料库,是社会的重要资产;老年人具有保持健康状况直到晚年的潜力;他们能够对社会做出经济和社会贡献,使他们自身、家庭和社区受益;老年社会需要有目的和有意义的规则和休闲活动。"生产型老龄化"强调老年人要参与有薪工作、志愿服务、教育、健身运动、休闲旅行、参与政治活动和消费活动。加拿大学者Stephen(2000)提出随着西方社会人口的快速老龄化,专业服务、老年医学研究和流行观点都将目光集中于老年活动与老年健康幸福之间的关系上。然而,基于活动的娱乐休闲促进休制的护理和生活方式已经将活动性(Activity)作为一个更大的日常生活管理的话题。他对处于"活动的社会(Active Society)"这种更广泛的政治背景下的老龄化与活动的理想选择进行了辩证的论述。2008年,美国学者杰·索科洛夫斯基对老龄化人类学研究进行综述研究❶。他指出,伴随着全球的老龄化趋势,老龄化人类学也摆脱了以往的偏见,步入了成熟期。种种迹象表明,老龄化现象是一个需要认真加以审视的人类学研究领域。因此,老龄化人类学在全球化的视野下重新讨论了关于老年的定义,并总结了在各个社会中老年现象的文化差异和老年人的社会职能。老龄化人类学特别关注性别相关的衰老经验,在世界范围内考察了老年人的地位,同时还关注着社会转型对于老龄化问题的影响。

在欧洲,西班牙的Busse等人(2003)提出人口老龄化、家庭结构变化、科技进步、新兴工作与休闲组织的出现、移民流动增加等主要因素都将导致欧洲的社会体制变革,要应对这一挑战,必须要准确把握这些因素之间的联系,并且要运用定性和定量两种研究手段。2007年,以色列学者Nimrod和Kleiber(2007)基于成功老龄化的理论创新,对老年生活的变化与持续性进行了重新思考。他们从持续理论(Continuity Theory)出发,重点强调了创新活动的特征、意义和利益。

2. 实证研究的主要成果

相比而言,国外老年休闲实证研究的数量和质量都相对较高,研究者较注重定性和定量研究方法的融合。从实证研究对象的区域分布上来看,同样以美国、加拿大和英国最多,可以说,这三个国家的老年休闲研究走在世界前列,其次是日本、德国、意大利、澳大利亚、荷兰等西方发达国家,发展中国家的研究力量相对较为薄弱(见表2-1)。

---

❶ 杰·索科洛夫斯基.步入盛年的老龄化人类学研究[J].云南民族大学学报(哲学社会科学版),2008(26):43-46.

表2-1 国外老年休闲实证研究成果列表

作者	国别	研究时间	调查方法	研究对象	主要研究内容
Bowling Ann 等	英国	1999—2008年	邮寄调查、定性访谈	999位英国有住所老人	邻里环境感知、心理幸福感、社会联系与支持同积极老龄化的关系
Fiorella 等	意大利	2005年	随机抽样	600样本数	老龄化的城乡差异
Galit Nimrod	以色列	2008年	半结构化深度访谈	20名退休者	旅游在退休群体中的定位与价值
Dodge 等	日本	2008年	问卷调查	303名社区老年人	老龄化与休闲活动之间的互动关系
Brown 等	美国	2007年	深度访谈	31位老年旅游者	退休重大休闲活动与成功老龄化的关系
Slingerland 等	英国	1991—2004年	邮寄调查	971位上班族与退休者	退休后活动与老年人口的身体健康
DionigiRylee	澳大利亚	2006年	深度访谈法、观察法、解释分析法	28位老年退伍军人	老年竞技体育运动中的参与者体验的重要性

续表

作者	国别	研究时间	调查方法	研究对象	主要研究内容
Menec	加拿大	1990—1996年	纵向追踪调查	加拿大马尼托巴湖老人群体	老年日常活动与成功老龄化
Klumb	德国	2004年	跟踪调查	81位柏林老年人	老年休闲时间利用
Fitzpatrick等	美国	2001年	分组对比调查	799位老年男子	老年男子的休闲活动与压力和健康之间的关系
Quirouette等	加拿大	1999年	访谈	74位大学学历妇女	对自身生活满意度的调查

在研究内容上,国外的老年休闲研究特点可以归纳为以下三个方面。

第一,国外学者对于老年休闲问题的关注已经不再局限于对老年人身心健康的研究范围,而是将目光投向更广泛的老年生活质量、社会交往等领域。德国研究者 Klumb(2004)分析了德国柏林老龄化过程中再生的、生产型和消费型活动的收益,从而将微观经济学观点应用到休闲时间利用的研究领域中。他以年龄段在72~97岁的33位女性和48位男性为研究对象,在连续的6天时间里,要求被研究者用特定信号记录下自己每天的活动、活动的原因、活动环境和同时获得的效果。结果表明,被研究者从事生产型活动的主要原因是由于里德(Reid,1934)的"第三方标准"理论(Third-party Criterion),当老年人独自一人时,所获得的活动效果与在集体环境中截然不同,社会关系对老年人健康和生活幸福有保护作用。老年人群体的社会关系水平要高于年轻人群体。英国学者Bowling等人(2006)的研究结果也证实了这一点,他们以999位定居于英国的65岁及以上的老年人为样本,研究了邻里环境感知、社会联系与支持、自我效能与老年人健康之间的关系。回归模型显示邻里环境感知与老年人的健康和身体机能高度相关:当老年人感知到周围环境设施质量好(如社会/休闲设施、专供老年人使用的设施、垃圾收集、保健服务、交通、接近商店、某处适宜散步)而且邻里和睦(如周围人们可信度高),那么他们的健康状况就很好。相反,如果老年人认为该地区存在问题(如噪音、犯罪、空气质量、垃圾、交通、涂鸦),他们的健康情况也较差。由此可见,加强地方基础设施建设可能对促进老年人的健康有很大帮助。在亚洲,日本学者Dodge与Hiroko等人(2008)以日本Takashima为案例,研究了日本老年人的健康认知老龄化与休闲活动之间的互动关系。他们选取了日本滋贺县(Shiga)的303位居住在社区的无残障并极少依赖器械进行日常活动的认知健全的老年人为样本,应用身体与非身体偏好指数和社会活动指数,研究表明,与65~74岁的老年人相比,95岁及以上的老年人的各项活动指数呈现明显的低频率,由步速和整体活动协调指数可知年纪较大的老年人的活动水平随年龄增加而降低,而视觉、听力障碍和抑郁症指数仅仅能够解释社会活动的减少,由此可以得出结论,休闲活动的减少与年龄相关,理解其影响因素可以有助于制定相关规划战略,以维持老年活动水平。

第二,国外学者在研究老年休闲问题时,不是孤立地对待老年问题,而是将之纳入整个社会文化背景环境中,研究内容也趋于向社会微观层面发展,对老年群体进行细分,研究对象进一步细化,如老年女性群体、老年男性群体、农村老年群体、退伍军人群体、老年旅游者等。加拿大学者Quirouette和Pushkar（1999）的研究非常有趣，他们采用定性和定量相结合的研究手段，探讨了加拿大受过大学教育的中年妇女对自己未来老龄化的观点。他们以74位年龄在45~65岁之间的大学毕业的妇女为研究样本，就她们的老龄化观点和职业经历进行了访谈调查。他们还对被调查者的个性、自我效能、幸福感、抑郁感和社会支持感进行了问卷调查。结果显示，大多数妇女对自己的老年生活持乐观态度，并且期望在休闲状况得到改善的情况下，她们自身经济状况和社会关系保持稳定的状态。这种稳定的期望值与自身满意度和过去的成就感有关。美国学者Fitzpatrick等人（2001）对老年男子的休闲活动与压力和健康之间的关系进行了规范性衰老研究（Normative Aging Study，NAS）。他们以799位老年男子为样本，将之分成两组：一组是丧失亲人和朋友的，另一组是亲人朋友健在的。用分层回归对初始模型、直接影响模型和中间适度模型进行了对比分析，结果显示，对两组被研究者来说，休闲活动都能够缓解身体健康受到的压力，但却不能缓解其精神压力；对第一组样本而言，社会活动能减轻身体健康的压力。总之，参与休闲活动能够大大减轻老年男子的生活压力。意大利的Fiorella Marcellini等（2005）在欧洲资助的MOBILATE项目支持下，研究了意大利老龄化的城乡差异。他们以意大利城乡不同地区的600个样本为基础数据，应用回归分析法对该国老龄化城乡差异的影响因素，诸如环境、年龄、老年受教育水平、收入水平等。调查表明，农村地区的老年人普遍受教育水平低于城市地区，但是农村的老年人均住房面积要大于城市，一般情况下，意大利农村的老年人不太可能独自生活。在休闲活动和新技术运用方面，城市老年居民不仅比农村老年居民表现活跃，而且还更具备技术思维。澳大利亚学者Dionigi和Rylee（2006）对不同学科的老年竞技体育活动研究进行了总结,这些研究往往侧重于动机和体验,以澳大利亚的退伍军人竞赛和美国的老年奥林匹克运动会(Senior Olympics)为例,多数研究都采取了量化方法,或者没有考虑到在更广泛的社会文化背景中老年运动员的体验。因此他强调将社会定性研究方法引入老年运动员的体验研究中是必需的也是有益的,这些定性方法包括深度访谈法、观察法和解释分析法等。同时,他对28位参与澳大利亚退伍军人运动会的60~89岁的老年人进行了定性分析,认为这些老年人在用他们的语言和行动矛盾地表达出对衰老过程的鼓吹和抵抗。这一发现再次强调了老年休闲研究的重要性。

第三,国外学者的实证研究方法也呈现出多样化的特点,注重定性与定量相结合,研究时间跨度大,纵向追踪研究方法在老年休闲研究中起到至关重要的作用。加拿大的Menec(2003)通过一项长达6年的纵向研究旨在揭示老年日常活动与成功老龄化指标(即幸福指标、功能指标和死亡率)之间的关系。这项研究以加拿大马尼托巴湖(Manitoba)老龄化研究为基础,于1990年记录了老年人的活动,并于1996年对其活动功能、幸福感和死亡率进行了评估。幸福感是衡量生活满意度和快乐的指标;活动功能是对身体和认知功能的综合测评。回归分析表明,总体活动水平越高,相应的幸福感就越强,而活动正功能也越大,并能降低死亡率。不同的活动涉及不同的评估结果,但一般而言,社会活动和生产活动与幸福感和正功能呈正相关,而单独活动(如手工嗜好等)则只能给老年人带来一定的快乐。这一研究强调了参与活动对成功老龄化的重要性。不同的社会活动的功能不同,老年人的社会活动和生产活动能够促进身体机能,延长寿命,而单独的活动,如阅读等,能够通过提升老年人的生活参与感来促进老年心理健康。

英国学者的研究时间跨度更大,Slingerland等人(2007)研究了退休给老年人的身体健康带来的变化,他们认为退休是人生过程的一个重大转变,它带来的体能活动变化可能有助于促进老年人口的身体健康。为此,他们进行了一项名为"埃因霍温及其周边地区人口健康与生活状况"的研究。自1991年开始他们对971位上班族进行了邮寄调查,当时被调查者年龄都在40~65岁,调查持续了13年,到2004年其中684人已经退休,287人仍在上班。研究中所说的体能活动包括:Ⅰ与工作有关的流通活动;Ⅱ体育竞技活动;Ⅲ休闲时间的非体育活动。多元回归分析表明,与仍在工作的被调查者相比,结合性别、年龄、婚姻、慢性病和教育因素,退休与活动Ⅰ的减少具有显著的高度相关性,但是退休却与活动Ⅱ和Ⅲ的增加没有相关性。因此他们得出结论,退休人员并不是通过增加活动Ⅱ和Ⅲ来减少活动Ⅰ的。McFarquhar和Bowling(2009)自1999年开始对英国的999位年龄在65岁以上拥有私人住所的老年人进行了生活质量和心理幸福感的全国调查。到2007年,有323位被调查者完成了关于生活质量和积极老龄化过程的邮寄调查。2008年,其中42位被调查者还接受了定性访谈,表达了他们对积极老龄化的看法。他们将社会休闲活动、运动能力和访问支持网络的数量和频率作为积极老龄化的评估措施,并得出结论,心理健康与积极老龄化密切相关,良好的心理健康状态可以让长者保持积极而充实的生活方式,减少社会隔离感和依赖性,从而可以防止心理健康欠佳的某些不良结果发生。

在定性研究方面的代表成果有:以色列的Nimrod和Kleiber(2007)在"学习与退休"项目的支持下,对20位男女退休者采用深度访谈的形式进行。鉴于某些情况下,人们对活动是不加区分的,他们认为老年人的创新活动可以产生、释放甚至同时保护其内部持续性。Nimrod(2008)还对退休旅行者对旅游的观点进行了研究,旨在更好地解释旅游在退休群体中的定位与价值。他在美国东南部的一个中等城市随机选取了20名参与"退休学习计划"的男性和女性退休者,对他们进行了半结构化深度访谈(Depth Semi-structured Interview)。结果确定了与退休旅游相关的五个主题,即新的人生阶段、终身利益、休闲活动、退休者的社会网络和受约束感。这些调查结果,对老龄化和适应化的一般理论具有重大贡献。美国的Brown等人(2008)研究了"成功老龄化"[1](Successful Aging)与重大休闲活动之间的相互联系。他们对美国南卡罗莱纳州(South Carolina)North Myrtle海滩举行的沙格舞蹈节(Shag Dance Festivals)的老年参与者进行了深度访谈,为了保证访谈的结构性,在基本原则下他们统一采用开放式问题进行,访谈对象共31位,年龄均在60~82岁,其中包括26位单身人员和3对夫妻。他们运用比较法对调查数据进行了分析,结果显示,沙格舞蹈是一种老年人的重大休闲活动方式,它能对成功老龄化起到支持作用。从被访谈者的叙述中可以发现重大休闲活动在个体生活中扮演着重要角色,相关老年工作者在推动老年人体验成功老龄化的过程中应凸显休闲活动的价值。

二、国内老年休闲研究的发展动态

在我国,休闲学还是一门比较年轻的学科。国内最早提出闲暇研究的学者是于光远先生,当时正值20世纪80年代,和国外的研究相比,国内研究起步较晚,且涉及面窄,相对而言,老年休闲的研究力量就更为有限。但是经过了几十年的发展,在各领域研究学者的努力下,国内老年休闲研究也取得了一定的成果,研究队伍不断壮大,吸纳了老年人口学、老年社会学、经济学、地理学、老年心理学、城市规划学等领域的专家学者,他们在老年休闲行为、老年休闲文化、老

---

[1] 有的学者也将之译为"健康老龄化",但为了与"Healthy Aging"进行区分,本文采用"成功老龄化"的译法。

年休闲空间等方面的开拓与研究为后人奠定了坚实的基础。

(一)按学科研究角度分类

国内最初的老龄化研究主要是从临床医学和生物学这些自然科学角度来研究人体衰老和身体健康的,直到人口老龄化现象出现并被普遍认识后,从人文社会学科角度来研究老龄化才使老年研究逐渐趋于成熟。老年问题和老龄化问题是一个社会综合问题,涉及人口、文化、经济、心理等社会生活的方方面面,国内老年研究学者分别从不同的研究视角出发对这一问题进行了探讨,按照不同的学科研究角度,老龄化研究主要可以分为以下几个类别。

1. 人口学的老龄化研究

人口学是研究人口发展,人口与社会、经济、生态环境等相互关系的规律的学科。它包括人口理论、人口统计,以及研究人口与社会、经济、生态环境诸现象间的相互关系的规律性和数量关系等分支学科,如人口经济学、人口社会学、人口地理学等。傅桦(1998)提出老龄人口地理的内容体系应包括影响老龄人口数量的因素、老龄人口分布、老龄人口结构、人口迁移、老龄人口生活环境和老龄化发展趋势等,为老年人口地理学的发展做出了有益的尝试。原新、刘士杰(2009)分析了我国1982—2007年人口老龄化的原因,提出现时的人口老龄化发展进程是人口惯性和现时生育率、死亡率共同作用的结果,其中主要受人口年龄结构(即人口惯性)的影响。可以预见,随着20世纪50年代、60—70年代和80年代三次生育高峰的出生队列进入老年人口行列,我国的人口老龄化进程将加快,人口老龄化水平还会快速提升。周克元(2009)结合中国人口发展中新出现的老龄化进程加速、出生人口性别比持续升高,以及乡村人口城镇化等因素,建立了一个离散型人口发展模型,预测出未来45年的全国人口数,老龄化比例及男女性别比,并引入了"社会和谐度"的概念,建立了社会和谐度的优化模型。根据最新研究成果(林宝,2009),目前中国已经基本完成人口转变,进入了人口老龄化的加速时期,老年人口比重和规模以及老年人口乘数均快速上升。因此,必须在思想上对人口老龄化问题真正重视,实现人口政策和人口工作重心从控制人口数量向数量与结构并重转变,并尽快完善我国的养老保障制度。

2. 社会老年学的老龄化研究

社会老年学是专门以年龄为研究变量的学科,这也是它区别于其他社会科学最突出的标志。它研究不同年龄的个人或群体在各种社会现象(诸如文化教育程度、婚姻状况、家居状况、就业、收入、社会地位等)中的差别和不同表现,尽可能地解释社会因素对各个年龄群体行为差异的影响程度,包括人类个体老龄化、人类群体老龄化、老龄化问题的人道主义方面(老年人的基本权利),以及人口老龄化与社会可持续发展之间的关系等内容。

实证研究是社会学研究的强项,在社会老年学领域也同样不能例外。在实证研究中,可以将心理学、社会学、老年医学等学科的理论相结合,用于解决老年休闲问题。汤晓玲(2000)就运用社会学、心理学等学科的综合理论,对影响我国老年人体育锻炼动机的社会学因素进行了调查。李斌、夏青(2005)以天津为例,分析了城市老龄化所带来的问题,并且通过对现有两种养老模式(家庭养老与福利养老)的局限性进行研究的基础上,探讨了一种新的养老模式——老龄社区。钱瑛瑛和郭冰(2007)的"上海市中心城区内老年人养老意愿调查"以上海市中心城区60岁及以上老年人口为调查对象,采取阶段随机抽样调查方式,共涉及40个居委会,回收有效问卷884份。根据抽样调查的数据,对性别、年龄、文化程度、退休前从事职业、婚姻状况、身体健康情况、子女状况、是否与子女居住生活在一起、与子女关系、每月平均实际收入、对目前居住条件满意程度等11个方面影响因素进行了分析,并分别总结了愿意入住养老机构老人及愿意入住郊区老年公寓老人的群体特征。万素梅、郭在军(2008)采用抽样调查法,对740位居住在湖北省黄石市城区的60岁以上的老人的生活状况进行了问卷调查。陈勃(2008)通过对441名城市老年人进行问卷调查,获得了有关城市老年人社会适应状况及其相关因素的数据资料。结果表明,老年人在社会适应方面存在非常大的个体差异,并且年龄不是判断其社会适应水平的直接因素;大多数老年人将改善其社会适应水平的途径归结为外在的支持,而非自身的调适;老年人在观念和行为上趋于保持固定或不变的人居多数。这些结果为制定相应的对策提供了依据。

此外,将社会学的经典理论,诸如社会角色理论、社会参与理论,与实证研究相结合,也是社会老年学研究视角的一大特色。依据社会角色理论,陈朝霞(2009)从多方面多角度分析了小城镇老年人散步递增现象形成的具体原因,以此来鼓励社会对老年人散步的认知和支持。李宗华(2009b)对近30年来国内外学者关于老年人社会参与的研究成果作了详细综述,以独特的学科视角对老年人社会参与的概念、社会参与的内涵、理念基础、社会参与的本土化实践等一系列问题进行了深入的研究,并提出老年人社会参与的路径选择。

3. 哲学视角的老年休闲研究

国内代表人物当属马惠娣,她认为"休闲本身是一种文化,一种人类文明程度的标尺,一个意义的世界",中国已经进入了老龄化社会,并呼吁重视老年休闲问题。她对马克思的休闲思想进行了深度剖析,提出在新的历史条件下要对马克思主义的休闲思想进行继承和发展,马克思主义休闲思想对我们我们深刻认识"发展生产力的目的"问题、"人的本质"问题、"社会主义新社会的本质"问题、新的历史条件下"社会主义伟大实践"问题、"先进文化发展方向"的一系列问题提供了思想指南❶,研究休闲现象必须从本质上揭示休闲的理论价值和对现实产生的影响。

4. 地理学的老龄化研究

地理学为老年休闲研究者从时间和空间两个维度来看待研究对象提供了新的研究视角,地理学分支众多,其中与老年休闲联系最为密切的是城市社会地理学和时间地理学。

(1)城市社会地理学的研究视角。

该研究将重点放在城市中的老年人身上,从城市研究的角度解读城市中老年人的日常行为。古典城市社会学依据对资本主义工业化社会的研究来理解城市问题,关注工业化和城市化过程中的社会变迁,如阶级分化、社会解体等问题。后来,人文地理学将"空间"概念引入到城市的研究中,并与社会学相融合逐渐形成了城市社会地理学的独特视角。

城市社会地理学主要研究那些与"城市空间"有关的特定的社会现象与社会过程。在城市社会地理学中,对空间和人口关系的研究,以20世纪20—30年代崛起的城市生态学派(芝加哥学派)为代表,城市生态学派从人口与地域空间的互动关系入手,探讨了城市发展的动态过程,认为城市的区位布局与人口的居住方式是个人通过竞争而谋求适应和生存的结果。同时,城市生态学派也开创了两种城市社会学的研究传统,一是关于城市空间利用的人文生态学,研究城市空间是如何被组织起来的,二是社区研究,关注的是人们如何适应城市空间环境的社会过程。郑莘(2001)通过对我国人口老龄化趋势及相关问题的分析,进行了对"老龄化社区"(Aging Community)的研究。界定出与老龄化社区相关的一些概念,分析了老龄化社区的特点,提

---

❶ 马惠娣.休闲:人类美丽的精神家园[M].北京:中国经济出版社,2004:11.

出了老龄化社区建设的目标。张纯、曹广忠(2007)通过分析第五次人口普查资料发现,北京市老年人口呈圈层式分布,城市中心区老龄型家庭最多;多因素相关分析表明,自然加龄和非老年人口外迁是造成中心区老龄化的主要原因,年龄结构年轻化的外来人口迁入近郊也成为导致中心区老龄化水平相对更高的因素之一。提出了新建社区户型多样化、完善基层社区的老年福利设施和服务保障体系建设等针对性建议。林琳、马飞(2007)通过对广州市 1990 年、1995 年、2000 年、2004 年 10 区 2 市(县级)老年人口系数的变化和比较分析,选取 6 项人口老龄化指标,利用模糊聚类分析方法,得出广州市人口老龄化的空间分布呈三个圈层:中心区、内缘区和外缘区,其人口老龄化程度分别表现为老年型初期、老年型中期和老年型后期。利用 GIS 空间自相关模型进行分析预测,得出广州市不同圈层人口老龄化集聚扩散趋势,中心区呈扩散趋势,外缘区呈集聚趋势,内缘区介于两者之间。研究结果表明,政策、经济、社会、文化等对人口老龄化产生重要影响,并通过人口的自然增长和人口迁移变化表现出来,不同圈层间人口迁移的快速变化,是广州市人口老龄化空间差异及变化的主要原因。李秀丽、王良健(2008)运用方差及其分解等区域差异研究方法,定量分析了我国人口老龄化水平在东、中、西部及省际的差异。结果表明,我国的人口老龄化水平区域差异不均衡,东、中、西部区域对应人口老龄化水平的"高、中、低"。文彦君等人(2009)对宝鸡市人口老龄化的空间特征及影响因素进行了详细分析,指出宝鸡市中心区人口老龄化特征显著且有进一步强化的趋势。

城市社会地理学的城市生态学派关注城市宏观环境和城市居民群体行为之间的关系,为研究城市中老龄化现象提供了一个全新的视角,开辟了研究群体活动与地方环境之间关系的新领域,即在客观制约条件下城市居民生活行为的研究。特定的空间环境和时间范围既使老年群体的社会行为成为可能,同时也使其受到制约。

(2)时间地理学的研究视角。

时间地理学方法体系是在20世纪60年代后期由瑞典理论地理学家及区域科学家哈格斯特朗[1]倡导提出,并由以他为核心的隆德学派发展形成的,其特点是力图通过针对个人行为的线索式研究,总结出不同人群与不同行为系统的匹配,进而更加准确地把握不同类型人群的不同生活需求,为城市规划提供可靠的依据。

时间地理学首次将时间和空间在微观层面上结合起来,在时空间坐标系上连续不断地表示和分析人文现象,将传统的单个行为分析在时空轴上结合起来,从微观个体的角度去认识人的行为及其过程的先后继承性,并且把握研究群体在时空中的同一性。时间地理学还强调限制人的行为的制约条件,侧重客观制约条件来解释人的行为。虽然时间地理学方法基于个人日常行为分析,但通过个人或群体活动行为系统与个人或群体属性之间的匹配关系,从而将微观研究与中观研究及宏观研究结合起来。我国最早的关于城市居民时间分配的研究是王雅林等人于1980年在哈尔滨和齐齐哈尔两个城市采用时间记账法所进行的调查研究(王雅林,1982)。中国人民大学王琪延等人所著的《城市居民的生活时间分配》[2]一书,研究了北京市不同性别、年龄、文化程度和职业的人群在工作、生理、家务、闲暇等方面的时间分配情况,是第一部从时间角度来描述城市居民生活的著作,而王琪延对国内其他多个城市居民时间分配状况所进行的调查等也颇有影响(王琪延,2000)。时间地理学从城市老年居民个体出发,将老年人群体置于整个社会环境的大背景之下,通过对城市老年居民活动时间分布、活动方式以及时空间结构的分析,研究社会组织、基础设施配置等对老年人活动的影响。时间地理学力图分析在

---

[1] 哈格斯特朗(T. Hägerstrand)提出著名的"生命路径理论"。

[2] 王琪延,等.城市居民的生活时间分配[M].北京:经济科学出版社,1999.

老年人身上折射出的社会运行规律,探讨提高老年人生活质量的方略,以满足城市社会人口结构变化对城市规划、城市建设、城市社会保障体系建设等方面的要求。孙樱、陈田(2001)通过对北京市区50个退休老人四季休闲行为的跟踪调查,采用时间地理学的研究方法,揭示大城市老年人口日常生活行为、休闲活动的基本特征及其时空分异规律,为大城市规划中的休闲空间的组织与布局提供科学依据。柴彦威、刘璇(2001)将时间地理学方法引入对城市老龄化问题的研究中,提出社会学视角与地理学视角相结合的城市老龄化研究的基本框架,并展望了时间地理学在城市老年服务设施的时间管理和空间管理、老年福利服务以及老年社区建设等方面的应用前景。曹丽晓等(2006)运用时间地理学方法,研究了上海城市老年人日常购物休闲活动的发生频率、出行距离等总体特征,并总结出各小区老年人的日常购物活动空间模式。张纯等人(2007)通过对北京市3个典型城市社区中老年人24小时活动日志的问卷调查,描述北京城市老年人日常生活活动类型的一般时空特征。运用日活动路径分析,从微观层面探讨老年人的年龄、性别、收入、家庭结构等因素对在一天的时间尺度内日常生活活动的影响。

5. 经济学的老年休闲研究

老龄化不仅是一个人口问题、社会问题和空间问题,更是一个经济问题,经济学家也十分重视老龄化对经济的影响和对策的研究。近年来,应用经济学的理论与方法对城市人口老龄化进行分析已经十分普遍。李洪心、高威(2008)利用灰色系统的理论与方法,通过对不同年龄段人口数与不同消费品消费量间关联度的计算,得出人口老龄化对不同消费品消费造成的影响。在对计算结果分析的基础上,提出为顺利度过人口老龄化,应对消费结构作出调整。童玉芬、刘广俊(2008)就北京市人口老龄化程度对社会保障支出的定量关系分析进行了探索,并对北京市未来社会保障支出比重作了预测。他们认为北京市人口老龄化形势日益严峻,北京市老年人口的高龄化、空巢化和庞大的老年人口基数和发展速度使北京市的社会保障体系面临巨大压力。杨娟(2009)讨论了人口年龄结构与经济增长之间的一般关系,在同一分析框架下简明界定了"第一人口红利[1]"和"第二人口红利",对人口红利作用的经济机理进行了梳理。她提出全面构建积累制的养老金计划是解决老龄化社会问题、实现第二人口红利的必然选择。

6. 老年心理学的老龄化研究视角

老年心理学是研究老年期个体的心理特征及其变化规律的发展心理学分支,又称老化心理学。它也是新兴的老年学的组成部分。近代老年心理学的研究工作在中国起步较晚,比较系统地开展这方面工作始于20世纪80年代,主要侧重于记忆的老化研究。进入20世纪90年代后,研究者逐渐开始关注老年心理健康、老年生活满意度等方面的研究,大量研究成果也将相继出现,值得一提的是,其中很多研究都采用了社会学的定量调查方法。薛兴邦等人(1998)用纽芬兰幸福度量表(MUNSH)、简明精神状态量表(MMSE),以及参考社会支持评定量表(SSRS)自编的老人幸福度影响因素调查表,对上海市社区500例60岁以上的老人进行调查研究,结果显示本组样本老人总体来说自觉幸福、满意。影响幸福度的4个主要因素为与子女关系、与配偶关系、团体活动参与程度及住房满意度。陈志霞(2001)采用自编问卷对武汉市568位老年人的生活满意度及其相关影响因素进行了调查分析。调查结果发现,不同社区、不同年龄老年人的生活满

---

[1] 所谓"人口红利",是指一个国家的劳动年龄人口占总人口比重较大,抚养率比较低,为经济发展创造了有利的人口条件,整个国家的经济成高储蓄、高投资和高增长的局面。"红利"在很多情况下和"债务"是相对应的,因此,在我们享受"人口红利"丰厚回报的时候,千万不要忘记今后可能会面对的人口"负债"。

意度存在显著差异,不同性别和婚姻状况老年人的生活满意度不存在显著差异。经济状况、身体状况、是否参加体育锻炼、购物便利性、外出频次、邻里交往、心理倾诉、群体活动等因素都会明显影响老年人的生活满意度。冯晓黎等(2002)采用老年人生活满意度量表(LSIA),以及自编的老年人生活满意度影响因素调查表,对长春市不同生活方式的271名老年人进行问卷调查。结果显示老年人对目前生活满意的占72.73%,说明老年群体总体来说自觉幸福、满意。不同生活方式老年人的满意度,经卡方检验,有显著差异。影响满意度的因素主要为文化构成、经济收入、与子女关系、与配偶关系及团体活动参与程度。徐明颖等(2002)对1516例社区老人进行截断面调查,调查工具为"上海市社区老人健康问卷2000版"。结果表明,成功老龄、常态老龄及轻度认知功能损害(MCI)3组间生活满意度的得分间差异有显著性意义,成功老龄人群的生活满意度与认知功能、社会支持、教育程度和婚姻状况等因素相关。李建新(2004,2007)基于2002年的中国健康长寿调查数据,在考虑人口社会特征和身体健康变量的情况下,应用Stereotype Ordinal Logit模型,从不同维度分析考察了社会支持对中国老年人口生活质量的影响。结果表明,社会支持对老年人口生活质量的不同方面都有着积极的影响,而不同来源的社会支持对老年人生活质量产生不同程度的影响。李建新、骆为祥(2007)研究发现,老年人在评估自己的生活条件时,不仅以纵向比较的方式进行(即与自身以前的状况相比或与自己的理想状况相比),更以横向比较的方式进行(即与周围的人相比),横向比较在很大程度上影响了老年人的生活满意度水平。林艳、陈章明(2007)运用问卷调查、焦点组访谈和观察等对一组参加老年大学课程学习的老年人进行调查分析。结果显示,关爱、身份、信息以及非正式服务的交换以及对这种交换的期待能提升老年人的生活满意度。

7. 城市规划学、建筑学的研究视角

近20年来，在城市规划学、建筑学领域，国内部分学者开展了老年住宅、无障碍系统等规划设计的理论研究和实践探索，研究内容多集中于老龄化社会的城市建设、城市居住区规划等方面，研究者纷纷提出了适合中国老龄化特点的城市规划理念和住区设计构想，研究成果丰富，与20年前相比取得了长足的进步。朱建达（1997）介绍了老年人由于生活结构的变化，身体状况、精力、智力的衰退，生理和心理的弱化，对居住条件、生活环境等提出的特殊要求，值得城市规划工作者借鉴。李锡然（1998）论述了老龄化城市创建无障碍绿色步行系统的必要性，提出"绿线控制"的概念和立法制定绿线的内容，并指出无障碍步行系统是城市物质环境中的一个组成部分，必须求得城市整体中各部分无障碍设施的同步发展。徐从淮（2000）从养老、抗衰老、"方形生存曲线理论"❶（The Rectangular Survival Curve）、老人活动的"新角色"与老人环境的特色要求等几方面，介绍了老年人对生活空间质量的特殊需求。靳飞、薛岩（2005）根据我国人口老龄化的特征、"居家养老"模式的特点和要求，提出了在城市居住区规划设计中应遵循的原则、应有的老龄设施、内容、相关的规定与要求，以及与居住区内其他设施的关系等，使居住区能基本满足老年人及老年群体的基本要求。刘玉龙（2008）介绍了发达国家建筑领域针对人口老龄化需求的医疗设施、护理设施和老年居住社区的应对措施及发展

---

❶ "方形生存曲线理论"是美国斯坦福大学医学院教授 Fries 和 Crapo 在 1981 年所创立的，以一个曲线图说明了高龄者的年寿延长问题。这一理论的要点是：1）人体的器官从30岁开始逐渐衰退，一般至80岁已衰退得很严重，因此，人类生存在世界上的时间是有一定期限的。2）人口死亡率减低，绝大多数人都已有机会活到80岁以上。3）必须用各种方法训练，去延缓老化的时间，让大多数人生活在健康和愉快中。4）原来人是在60多岁就初步衰老，现在要能做到使人类到了75岁或80岁以上才会初步衰老。5）减短全人类的衰弱期的期限。6）让健康的老人能自然死亡。

脉络,希望其中的成熟经验能够为面临快速老龄化的中国提供借鉴。张博(2009)以我国目前很多城市外环境存在的无个性化建设与老龄消费人群作为研究对象,探讨了公共休闲空间的建设如何做到适应老年人生存和体验的现实性意义。

(二)按研究内容分类

1. 老年休闲行为研究

国内老年休闲行为的实证研究始于20世纪90年代,历经十几年的积累,研究内容和研究手段也有了较为明显的进步,在该领域的主要研究成果如表2-2所示。

表2-2 国内老年休闲行为实证研究的主要成果

研究者	研究时间(年份)	研究地点	研究对象	研究方法	研究内容与结论
风笑天、赵延东	1997	武汉	1008户居民家庭	多层级抽样、访谈	闲暇时间在不同年龄段的居民中的分配呈现"V"形曲线,即青年时期(25岁以下)最多,平均为4小时18分钟;中年时期(25~50岁)最少,平均为3小时36分钟;老年期(50岁以上)平均闲暇时间增加到11小时

续表

研究者	研究时间（年份）	研究地点	研究对象	研究方法	研究内容与结论
李峥嵘、柴彦威	1999	大连	城市居民	问卷调查	对大连市居民周末休闲时间的利用特征进行了分析，指出老年人周末出游的休闲目的较多，同时偏爱体育休闲活动
孙樱、陈田	2000、2003	北京	城市老年人群体	一次性问卷访谈、全年跟踪调查	探讨城市老年休闲特征和群体分异机理，即①城市老年休闲正从单位制向社区制转化；②休闲质量亟待在活动内容和方式上提高；③活动场地经常受到各种条件限制；④活动设施受市场经济影响严重不足；⑤群体休闲以自发、松散为主，不够普遍。同时揭示户外公共活动空间在当前老年休闲活动中的重要作用，包括为城市老年休闲提供场地、改善环境、降低费用，以及促成设施体系建设等

续表

研究者	研究时间（年份）	研究地点	研究对象	研究方法	研究内容与结论
马惠娣等	2004	北京、天津、哈尔滨、上海等	在业者、非在业者、青少年和老年人群体	问卷调查、深度访谈	文化部2001年重点课题"我国公众闲暇时间文化精神生活状况的调查与研究"，为我们从闲暇角度了解公众文化精神生活提供了最新的实证依据
杨国良	2002	成都	城市居民	抽样调查	老年人的休闲方式由商务休闲转变为兴趣爱好休闲，同时在休闲消费方面明显低于中青年居民
柴彦威、李昌霞	2005	北京、深圳和上海	老年人	问卷调查	从宏观层面揭示出中国城市老年人日常购物行为的空间特征，发现北京市老年人购物活动随距离衰减的规律比较规则；深圳老年人购物行为空间则随距离增加呈波动式衰减；上海老年人购物活动空间的收敛性最强。进一步得出小区级商业设施的完善程度和可达性直接决定了老年人购物空间的收敛程度的结论

续表

研究者	研究时间（年份）	研究地点	研究对象	研究方法	研究内容与结论
刘广鸿、罗旭等	2006	全国	老年群体	文献研究法、逻辑推理法和调查法	研究了老年群体参与体育健身休闲项目的行为特征，根据老年群体的结构特征和个体及区域差异，提出构建适合老年群体体育健身和消费需求服务体系的建议
张祥晶	2006	杭州	老年人口	抽样调查	调查发现杭州老年人口注重提高休闲生活质量，且休闲种类多样化，并已经向现代转变，但休闲形态仍属于传统型
楼嘉军、徐爱萍等	2007	上海、武汉、成都	城市居民	问卷调查	在对上海、武汉和成都三市的城市居民休闲活动满意度的调查统计中发现，同年轻人相比，年龄较大的城市居民对锻炼身体的收获更大
陈金华、李洪波	2007	泉州	老年居民	问卷调查、访谈、实地考察	运用"行为模式"理论，研究我国滨海历史文化名城——泉州市老年人休闲行为，对其休闲特征、时空选择和休闲意愿进行了分析

续表

研究者	研究时间（年份）	研究地点	研究对象	研究方法	研究内容与结论
蔡丹丹	2007	长沙	老年大学学员	抽样调查	在实证调查的基础上，通过对长沙市老年大学学员的休闲状况进行分析，进而得出结论并提出了具有针对性的建议
刘慧	2008	长沙	长沙市三所老年大学学员	抽样调查	本书通过抽样调查，了解到老年大学学员的休闲现状，以及存在的休闲障碍。提出全社会应加强对老年人的关注，为老年人休闲提供良好的社会环境
马聆	2008	西安	城区老年居民	问卷调查	通过因子分析、方差分析、相关分析等定量分析得出西安老年人的休闲消费行为特征和市场特征
严冬琴、黄震方	2009	长三角主要城市	老年人	问卷调查	老年人有着普遍的休闲需求，在选择行为中偏向于对健康有益的休闲环境、产品与服务活动；对养老表现出多元化的需求，居家养老仍是首选，但对社区养老等新的养老模式有着很大的需求潜力

续表

研究者	研究时间（年份）	研究地点	研究对象	研究方法	研究内容与结论
徐永祥、李小青	2009	上海市闵行区华漕镇某社区	老年人	小样本问卷调查、座谈	试图揭示老年人日常休闲与社区养老的内在逻辑，并就如何提高老年人的生活质量和顺利推进居家养老模式提出相应的对策

2. 老年闲暇文化研究

中国的老年文化植根于中国厚重的国土之中，具有浓郁的中国历史文化的色彩。中国性、阶段性、差异性是中国老年文化的特征（姚远，2000）。社会化的老年文化事业随着老龄化进程的加速已经成为社会研究工作的一项重大课题和文化发展任务。袁泓江等（2000）对5所老年大学的788名学员进行问卷调查，发现这些学员参加老年大学后，休闲生活质量有了明显的提高，这充分说明兴办老年大学是提高老年人休闲质量和休闲文化水平的切实可行的方法。

老年文化的主要内容应该包括老年生理与社会心理特征、老年文化生活方式、老年闲暇活动及精神需求等方面（陈明建，邢伯壮，2001）。在我国，老年文化具有教化、认知、审美、娱乐和自律等功能，对老年学科的建设有理论价值和意义（高天星，2001）。

3. 城市化与老龄化的关系

老龄化是现代工业社会城市化催生的社会现象，是人类历史上从未曾出现过的，老龄化的发展同时又加速了城市化进程，老龄化为城市规划和城市管理者提出了新的课题，老年问题研究已经渗透到城市研究和城市规划领域。早在1994年，万邦伟就曾经提到老年行为活动特征的研究为未来城市老年公共活动场所与环境的规划建设和推动城市现有老年活动场所的改建提供了有效的依据。2006年,赵捷基于对社会休闲的特征、功能的分析,提出在城市化进程中,合情合理地开展社会休闲活动,对城市发展有着重要价值。

4. 城市老年休闲空间与休闲绿地

城市老年休闲空间是老年休闲研究的重要内容,而"休闲绿地"则是其中的主要研究对象。国内早期的研究主要集中在老年人住所附近的户外空间和绿地内部的老年人活动区;近期的研究热点包括老年人休闲设计原则和建议、老年人的休闲行为特征、影响老年人使用绿地的因素、老年休闲绿地的构成要素等。

20世纪80年代,国内关于"老年无障碍空间建设"的文献中就有人提出"休闲绿地"的概念,随后服务于老年人的休闲绿地研究逐渐增多。孙新旺(2001)将"休闲绿地"定位为介于小游园和城市广场之间的形式,强调其介于两者之间的空间尺度和开放程度。王家骅(2003)对休闲绿地的论述延续了这种定位,但从广义上说,所有具有休闲性质的绿地都应包括在休闲绿地的范畴内。丁俊清(2002)将人口老龄化和休闲绿地的流行联系在一起,认为休闲绿地是对应老年型社会所产生的休闲生活方式的一种新的园林形式。孙樱(2003)提出了老年休闲绿地系统的说法,认为它是我国进入老年型社会后,城市老年休闲需求对绿地资源和城市规划部门提出的新要求,其要求将社区老年休闲活动的组织管理与城市绿地系统的规划建设有机结合起来。郭子一、徐峰(2009)对中国城市老年休闲绿地研究的发展阶段和不同阶段的研究热点进行了总结,并对国内城市老年休闲绿地的研究发展进行了展望。

三、问题总结与展望

(一)相关问题总结

作为当下和未来休闲经济市场的重要消费对象,老年群体对国民休闲经济具有重要的经济带动作用,这也是引发国内相关领域的研究者们纷纷对老年休闲现象进行研究最主要的原因,因此国内目前的老年休闲研究成果皆具有应用性研究的特点。来自各个学科的研究者通过各种研究手段对老年群体的休闲状况进行调查,获知其闲暇行为特征及休闲需求,对于国内政府部门或相关管理机构针对性地制定科学合理的老年休闲政策和老年休闲设施规划提供了重要的理论依据。从上述分析可以看出,目前国内学者对老年休闲问题的研究已取得一定进展,但是值得注意的是,这些研究成果与国外的研究成果相比,其存在的局限性也较为突出,不足之处主要有以下几个方面。

1. 偏重理论研究,实证研究薄弱

老年休闲是一项应用性很强的研究课题,需要实证研究给予有力支撑,国外学者的老年休闲研究都是在大量实证研究的基础上进行的,相对而言,国内学者的实证研究显得较为薄弱。

第一,实证研究内容单一,研究视野较为集中。国内目前的老年休闲研究,其研究视角更多地集中在老年人的休闲活动参与方面,如老年人的休闲时间、休闲空间、休闲消费等几个方面,较少涉及老年人的休闲心理、休闲动机、休闲需求、休闲满意度等更深的研究层面。现有的调查研究也大多是着力于对老年社会休闲状况进行描述,对造成此种状况的社会因素缺乏深入的分析和理论解释。同时,对老年休闲活动的功能与效应评估的研究也相对比较缺乏,在研究视角的深度与广度上还需要进一步加强。

第二,老年休闲研究的空间维度较小,样本数量有限,缺乏大规模的区域性宏观角度的实证研究。受到时间因素、人力和财力等因素的制约,国内学者的老年休闲研究虽然数量上并不少,但是却普遍侧重于单点式的空间调查模式,例如多局限于某个城镇级别的空间范畴,而其他针对几个大城市的老年休闲研究在研究深度和广度方面并不突出,鲜有全国性的老年休闲行为研究成果出现。未来国内的老年休闲研究要想达到更深入的层面,仅仅靠学术界的努力是不够的,势必还需要各级政府部门的大力支持,共同推动老年休闲研究的规范化。

第三,研究方法上缺乏一定的规范性,缺乏真正严格意义上的社会学调查方法论的应用。问卷调查是休闲研究领域普遍采用的研究方法之一,国内学者将老年休闲视作一种社会现象和经济行为,以此研究视角出发来进行老年休闲状况的调查研究,而真正严格意义上的社会学调查方法有一套完整的规范的结构体系,更加重视实证与理论的结合,二者之间是有一定区别的。缺乏社会学方法论的理论指导,一方面说明当前国内的休闲社会学领域理论研究的薄弱,另一方面也反映出现阶段国内的老年休闲研究的基本状况,即过于注重实证研究,忽视了老年休闲的理论研究基础,从而导致实证研究难以向更深入的层面拓展。

2. 研究手段单一,缺乏研究方法的综合运用

国外老年休闲研究的最大特点是注重定性与定量研究手段的结合,这是该领域研究方法的发展趋势。从前一节内容可以看出,人口学偏重于对数学模型的应用,社会学、城市地理学、经济学对定量方法的应用较多,显然,国内学者对定性方法的应用则较少。不同的研究方法对研究结果起到不同的作用,我们不能否认抽样调查数据的

客观性,但同样也不能忽视定性研究法的使用,这是国内学者需要加强和重视的一个方面。

3. 研究范式上缺乏多学科的理论融合分析

社会学科发展到今天已经产生互为交叉、相互融合的局面,各学科之间相互联系、互为补充。老年休闲问题涉及人口学、社会学、城市地理学、建筑学等多门学科领域,但是目前国内大部分的文献都是各自为政,仅从自身的学科角度去探讨老年休闲问题,缺乏多学科的交叉研究,不仅造成了学术资源的浪费,长此发展下去更会阻碍老年休闲研究水平的提高。

4. 研究深度不够,研究领域有待进一步拓展

由于缺乏宏观理论框架的有力指导,现有文献在老年休闲的理论深度的挖掘上有待探究,很多研究只是点到为止,提出问题但却没有深入指出解决问题的途径。在实证调查中更是如此,由于理论预设不足、研究手段单一,因此仅仅简单地就事论事,没有深入发挥。对与老年休闲的很多微观层面的问题把握不足,缺少对老年休闲活动的相关影响因素的关注。在现有的老年休闲研究中,尤其缺乏对同一区域或同类群体的纵向追踪调查研究,对老年休闲的比较研究较少。

(二)研究趋势展望

休闲学发展到今天,已经积累了丰富的理论与实践经验,为老年休闲的深入研究提供了丰厚的基础。21世纪是休闲的世纪,休闲对于每个人都有重要价值,因此休闲研究不论在理论上还是方法上都将更加进步。

在研究方法上,结合目前国内、国外的研究特点与研究手段,笔者推断在未来相当长的一段时期内,随着技术手段的不断更新与进步,实证研究将成为老年休闲领域的主流,而且应用的研究手段将更为科学,统计分析结果也更加准确。

在研究内容方面,研究者将更加重视老年休闲的客观与主观因素研究,以完善老年休闲研究体系。客观因素以老年休闲经济、老年休闲产业为主导,特别注重老年休闲消费的研究;主观因素以老年休闲体验与老年休闲满意度为主导,注重与心理学、社会学等学科的交叉应用。目前国内这两方面的研究都不太成熟,研究深度与力度有待加强。

在学科建设方面,各大高校与研究单位应重视"老年休闲学"的学科建设与研究力量的培养,重视本学科与其他学科知识的嫁接与综合运用,吸收相关学科的理论基础,并加强国际交流与合作,共同为中国老年休闲的和谐发展出谋划策。

第三章 北京城市人口老龄化进程与空间分布特征

　　1949年以来,我国实行了严格控制人口过快增长的计划生育政策,并伴随着死亡率的快速下降,在短短几十年里迎来了低水平的生育率,实现了传统意义上的人口结构转型,进入了稳定的"低生育率"时期。而随着我国人口死亡水平和生育水平的下降,我国的人口年龄结构也发生了重大变化:2000年我国0~14岁少儿人口占总人口的比重为22.89%,65岁及以上老年人口占总人口的比重为6.96%,中国已进入了典型的"老年型社会"。北京市作为贯彻计划生育政策时间较早、效果较好的城市之一,也正面临着人口急速老龄化的严峻挑战。同时,北京市作为我国的政治、经济和文化中心,有其不同于其他地区的人口发展特点。因此,北京市的人口老龄化问题不仅是研究老年休闲问题的基础,更与整个城市社会和谐发展密切相关。为此,在深入开展老年休闲特征研究之前,有必要对北京市的老龄化现状、趋势及面临的问题进行全面的了解与分析。

一、北京市人口老龄化的演变历程

　　随着生活水平的提高和医疗条件的改善,北京市人口死亡率逐步下降❶,人口平均预期寿命日益延长。另外,20世纪70年代以后,北京市开始控制人口规模,加强计划生育,人口出生率逐步下降❷,直接导致0~14岁年龄组人口在总人口中的比重大幅度下降。在这一变化过程中,北京市的人口老龄化结构开始逐步成型。可以说,北京市的人口老龄化进程与人口的急剧增加是同步的过程,1990年之前十年间北京人口的年均增长率内城区基本在4%~10%之间,外城区则多数只有1%~4%的增长甚至更低;而1990年之后的十年,北京市人口急剧增加,城六区的人口增长率平均达到4%~10%,其中近三分之一的地区在10%以上。因此,具体分析北京的人口老龄化过程可以1990年为界,划分为两个阶段:初步形成期和快速增长期。

(一)第一阶段(中华人民共和国成立后至1990年)

从总体上来看,北京市的人口老龄化速度要明显快于全国人口的平均水平,并且其老龄化的人口结构与世界人口老龄化的趋势是基本一致的。

按国际标准,北京市1988年的人口年龄中位数就超过了30岁,开始进入了老龄化阶段。而我国则于1999年才加入到人口老龄化的行列,其后全国人口规模以每年平均3%的速度呈现快速增长态势,2000年我国60岁及以上人口占总人口的10.6%,65岁及以上人口占总人口的7.5%,人口老龄化程度开始凸显;2000年之后,全国区域内的人口老龄化问题日渐突出。

从人口结构上来看,老年人口占总人口的比重从8%上升到

---

❶ 建国初期,北京市人口死亡率在10‰以上,1964年降到8.27‰,1982年降到5.68‰,此后一直在5‰~6‰左右波动(1979年为5.92‰,1989年为5.53‰,1999年为5.60‰,2007年为4.92‰)。

❷ 1968—1982年15年内出生婴儿数比1950—1964年15年内生的婴儿数减少39.51%。1979年出生率为13.67‰,1989年为7.49‰,1999年直降到0.90‰。

10%，北京市只用了5年时间，而全国人口则需要15年的时间（王莉莉，2003）。20世纪50—70年代，北京每增加10万老年人口需5年至10年时间；进入80年代以后，只需2年至3年时间；1982年至1987年北京市老年人口每年平均增长率已经达到5.22%，而同期北京市的人口增长速度仅为1.3%，前者是后者的4倍，人口老龄化快速增长的态势显而易见。

要准确阐释北京市的人口老龄化历史进程，可以从"年龄中位数""0~14岁人口比重""60岁以上人口比重"和"老少比"这四个指标[1]来进行判断。图3-1列出了中华人民共和国成立后到1990年间北京市部分年份人口老龄化的各项测量指标的变化。

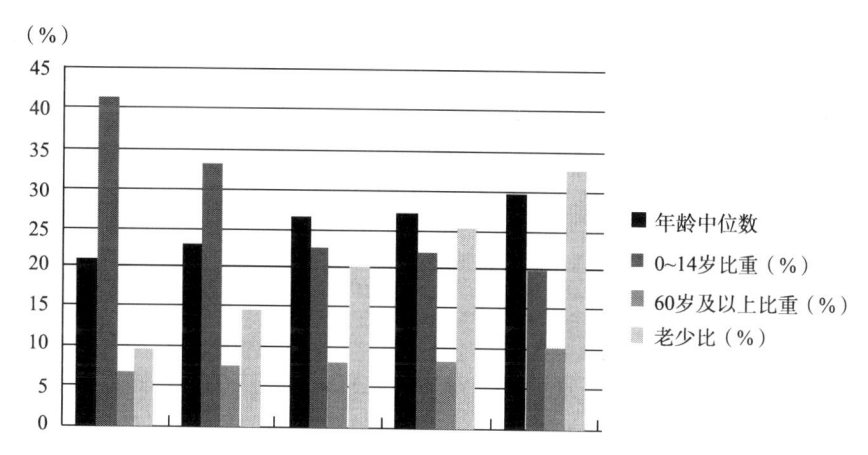

图3-1 1987年前北京市人口老龄相关指标变化图
资料来源：根据各年份《北京统计年鉴》公布数据整理。

第一，从人口年龄结构类型来看，国际标准是：年龄中位数在20

---

[1] 国际上一般用四个指标来反映人口老龄化，它们是：年龄中位数的上升；60岁或65岁及以上老年人口占总人口比重的上升；0~14岁少儿人口占总人口比重的下降以及老少比的上升。同时，规定65岁以上的人口超过7%的国家或地区就称之为"人口老年型国家"或"老年型社会"，4%~7%为"成年型社会"，4%以下为"年轻型社会"。

岁以下的为"年轻型社会",20~30岁的为"成年型社会",30岁以上的为"老年型社会"。北京市1964年的年龄中位数为20.7岁,接近年轻型人口结构的标准;而在1990年北京的人口年龄中位数就到了30.5岁,达到"老年型社会"的基本标准,2000年更是高达34.5岁,已经远远超过了这一衡量标准。北京市的人口年龄结构能够在如此短的时间内就发展成为"老年型",究其原因除了受到生育率与死亡率的下降影响外,还有特定的社会历史因素:自20世纪50年代开始,来自全国各地的外来青壮年人口陆陆续续地大规模迁入北京,到了90年代这部分人口已经逐步迈入老年人口行列[1],这在一定程度上增加了首都人口老龄化的发展趋势。

第二,从"0~14岁人口比重"指标来看,一般认为少儿人口比例在30%以下即为老年型人口结构。北京市在1979年0~14岁人口所占全市总人口的比重仅为22.8%,按照这个指标的衡量标准,北京当时已经呈现老年人口结构的特征。

第三,从"60岁以上人口比重"指标来看,按照国际上的一般标准,当一个国家或地区60岁及以上年龄的人口超过该地总人口的10%或65岁及以上年龄的人口超过总人口的7%时,其人口年龄结构就进入了老年型。据此,北京市的人口年龄结构早在1987年(60岁以上人口比重达10.4%)就已经进入了老年型。

第四,从"老少比"指标来看,国际学术界普遍认为老少比低于15%的人口结构被看作"年轻型人口结构",高于30%的被看作"老年型人口结构",介于两者之间的是"成年型人口结构"。北京市的老少比在1987年为32.76%,已经进入"老年型人口结构"。

综合上述四项人口统计指标的动态变化,可以总结出以下结论:北京市早在1990年就已经步入"老年型城市"的行列,社会人口老龄

---

[1] 北京市人口结构迅速老龄化及其原因. http://www.cpirc.org.cn/yjwx/yjwx_detail.asp?id=4342.

化趋势逐步凸显。

（二）第二阶段（1990年至今）

按照老龄化的发展程度，以2000年为界，这一时期的人口老龄化进程又可以分为两个阶段，第一个阶段是1990—2000年，此时北京的人口老龄化尚处于起步阶段，增长速度较为平缓；第二个阶段是2000年之后，北京的人口老龄化程度有一定的深化，而且增长势头逐渐趋于稳定（如图3-2）。

	1990年	1995年	2000年	2004年	2005年	2006年	2007年	2008年
60岁以上人口比重	10.0%	12.6%	12.5%	15.2%	14.6%	14.89%	13.8%	14.12%
65岁以上人口比重	5.7%	7.8%	8.36%	11.1%	10.8%	11.18%	1.19%	10.3%

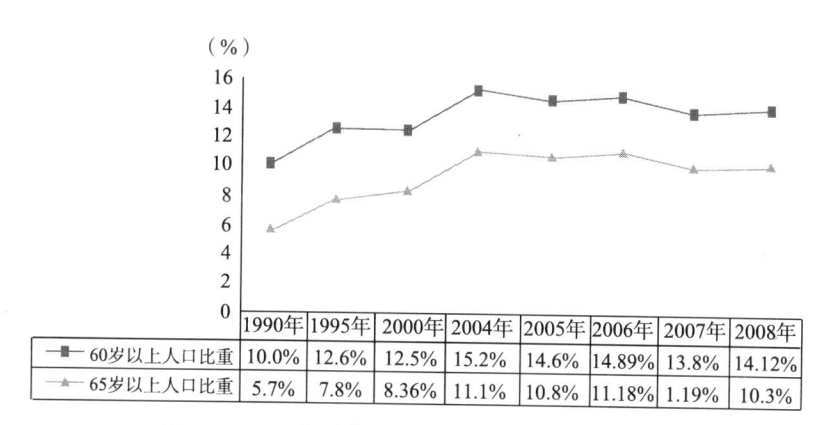

图3-2　1990年以来北京常住人口老龄化变化趋势

在1990—2000年之间，北京市的人口老龄化程度正在进一步加深，而且其发展趋势明显快于前几十年。根据1990年第四次人口普查数据表明，北京市60岁及以上老年人口总数已经超过109万人，老年人口比例超过10.1%，"人口年龄中位数"超过30岁，"0~14岁人口比重"为20.2%，"老少比"为31.5%。按照前文提到的国际通用的老年人口指标判断标准，此时北京市已经完全步入了"老年型社会"行列。而1995年，据全国1%人口抽样调查结果显示，北京市60岁及以上老年人数已经达到157万人，占总人口的比例提高到12.6%，而65岁及以上老年人数也已达到98万人,占总人口的比例达到7.8%。至2000年,经过计划生育政策的严格控制,北京人口出生率大幅度下降,同时,由于人们的生活水平以及医疗保健水平的进一步提升,北京市人口老龄化进入了平稳增长时期。2000年,北京市60岁及以上年龄的人口比例为12.5%,65岁及以上老年人的比重已达到了8.36%,"0~14岁人口比重"下降到了13.6%,与之前的统计数据相比已经下降到比较低的水平,"人口年龄中位数"则上升为34.5岁,"老少比"则达到61.99%。从这一系列指标可以看出,北京在1990—2000年间老龄化程度基本是平缓增长的。2000—2008年间,北京市60岁以上常住人口比例一直维持在14%左右,老龄化水平逐步趋于平稳(见图3-3[1])。同时,《北京城乡老年人口状况追踪调查》[2]显示,自2000年之后北京市已经进入人口老龄化快速增长时期,60岁及以上老龄人口增长速度高于全市总人口增长速度。根据第六次全国人口普查统计数据,2010年,北京市常住人口中65岁及以上老年人口为170.9万人,占8.7%,与2000年人口普查相比,老龄人口比重微增0.3个百分点,人口老龄化进程有所减缓。同年,北京市常住人口的总抚养比为20.9%,其中,少儿抚养比为10.4%,老年抚养比为10.5%,与2000年第五次人口普查相比,虽然老年人口抚养比下降了0.3个百分点,但65岁及以上老年人口总量仍然规模庞大,老年人口问题仍然值得关注。总而言之,进入21世纪以后,北京市的人口老龄化就已经进入了快速增长阶段。

---

[1] 除1990年、2000年、2005年之外,其他年份老年人口数均根据抽样人口数据统计结果整理。

[2] 2006年,经国家统计局批准,全国老龄工作委员会办公室组织实施,并委托中国老龄科研中心具体承担《中国城乡老年人口状况追踪调查》任务。此次调查是在2000年首次进行《中国城乡老年人口状况一次性抽样调查》的基础上,组织全国20个省、自治区、直辖市开展的。本次追踪调查的标准时点为2006年6月1日零时。

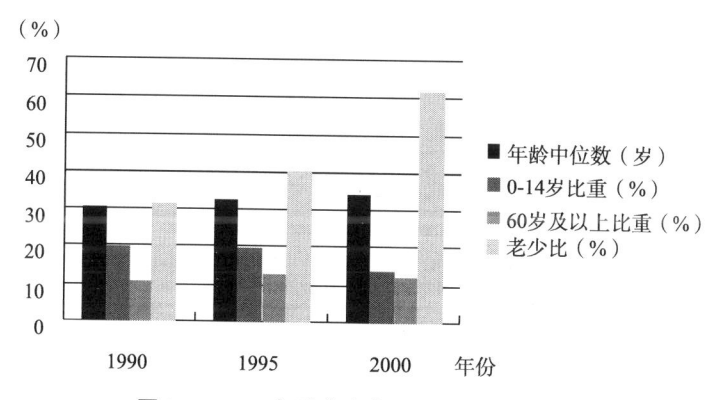

第三章 北京城市人口老龄化进程与空间分布特征

图3-3 1990年后北京人口老龄化相关指标
资料来源:根据各年《北京统计年鉴》与1990年人口普查公布数据整理。

而从人口的年龄结构来看,北京市的人口金字塔(见图3-4)呈现塔顶与塔底窄、中间宽的形状,人口抚养比较大,这是成年型的典型特征。随着各年龄段人口年龄的不断增长,在今后的30年内,目前处于中青年的人口将步入老年人口行列,老年人口抚养比将会大大增加。北京市在今后相当长的时期内,既不可能用通过大幅度提高生育率,也不可能利用大量迁入人口来减弱人口老龄化势头。近些年来,流动人口中绝大多数只做短期停留,不能解决北京市常住人口的老龄化问题。因此,北京市人口老龄化趋势将持续到2030年以后,按现行计划生育政策来预测,2032年,北京市老年人口比重将从1999年的14.98%上升到28.7%,即从每6.8个人中有一个老年人,变为每3.5人中就有一个老年人,老年总人口也将从188万人上升到314万人❶,北京的老龄化形势将愈加严峻。

---
❶ 全国老龄委办公室门户网站. http://www.cnca.org.cn/info/1472.html.

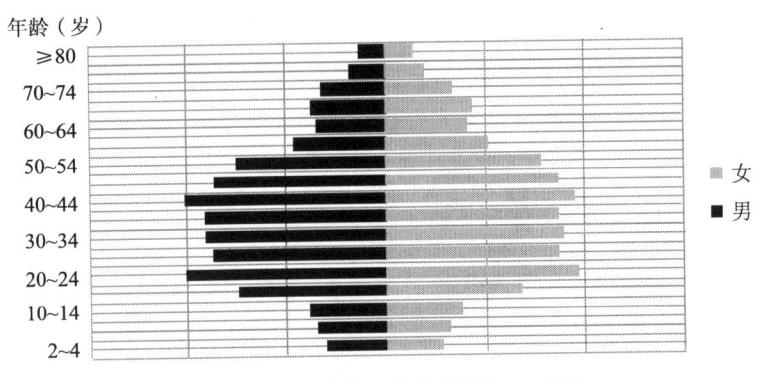

图 3-4　北京市人口金字塔图（2005年）

资料来源：根据《2006年北京统计年鉴》公布数据整理。

二、北京市老年人口的空间分布格局

（一）全市老年人口总体分布不均

从总体分布来看，北京市各区县老年人口的分布非常不平衡，人口老龄化的地区差异显著，在城市老年总人口分布上呈现人口在内城区集聚、由内向外逐步递减的格局。

根据1990年人口普查数据统计，当时北京市老年人口主要分布在城八区，占全市老年人口总数的2/3以上。在18个区县中已经有一半区县的老年人口比例达到10%，成为老年型人口的地区。各区县的老年人口比例差异也比较明显，如最高的东城区、西城区和崇文区已经达到13.5%，比最低的房山区高6个百分点左右。到1999年，所有区县老年人口比例都超过了10%，最高的宣武区已经高达20%左右，但是房山区才刚刚超过10%。2010年7月1日，北京市行政区划形成了14区、2县的格局，从城市功能上划分为首都功能核心区（东城区、西城区）、城市功能拓展区（朝阳区、丰台区、石景山区、海淀区)、城市发展新区(房山区、通州区、顺义区、昌平区、大兴区)和生态涵养发展区(门头沟区、怀柔区、平谷区、密云县、延庆县)四部分,其中东城、西城、朝阳、丰台、石景山和海淀六区承载着全市约2/3的人口。

北京市各区的老年人口抚养系数总体呈现出由内城向外城递减的趋势,并且北部郊区高于南部郊区。同时由于各区县的地理位置、面积大小、功能区划的不同,其老年人口的比重也呈现出不同的特点。首都功能核心区和城市功能拓展区的老年人口比重最大,其次是城市外围的生态涵养发展区,而城市发展新区由于新迁入劳动力人口较多,相对老年人口比重较小。

截止到2007年年底,从当时的18个区县来看,60岁及以上老年人口数排在前三位的是朝阳区、海淀区和丰台区,分别为35.5万人、32.3万人和20万人。60岁及以上老年人口占总人口比例排在前三位的是宣武区、崇文区和朝阳区,分别为20.7%、20.2%和19.9%。80岁及以上老年人口占总人口比例排在前三位的依次是崇文区、宣武区和西城区,分别为4%、3.8%和3.7%。具体如表3-1所示。

表3-1 2007年北京市各区县老年人口比重分布

区县	60岁及以上人口(万人)	60岁及以上占总人口比重(%)	80岁及以上占总人口比重(%)	区县	60岁及以上人口(万人)	60岁及以上占总人口比重(%)	80岁及以上占总人口比重(%)
东城区	11.7	18.9	3.6	通州区	10.3	16.0	2.0
西城区	15.1	19.5	3.7	顺义区	8.7	15.4	1.8
崇文区	6.8	20.2	4.0	昌平区	7.5	14.9	1.8
宣武区	11.1	20.7	3.8	大兴区	8.4	14.5	1.6
朝阳区	35.5	19.9	2.3	门头沟	4.3	17.8	2.2
丰台区	20.0	19.7	2.4	怀柔区	4.2	15.1	1.7

续表

区县	60岁及以上人口（万人）	60岁及以上占总人口比重（%）	80岁及以上占总人口比重（%）	区县	60岁及以上人口（万人）	60岁及以上占总人口比重（%）	80岁及以上占总人口比重（%）
石景山	6.7	18.9	2.2	平谷区	6.1	15.5	2.0
海淀区	32.3	15.8	1.9	密云县	6.4	14.9	1.7
房山区	10.9	14.3	1.3	延庆县	4.2	15.2	2.0

资料来源：根据北京市老龄工作委员会办公室公布数据整理。

（二）老年抚养系数呈现从中心区向外围区逐级递减的特征

功能核心区、城市功能拓展区、城市发展新区和生态涵养发展区，按15~59岁劳动年龄人口抚养60岁及以上人口计算，老年抚养系数分别为27.2%、24.8%、20.0%和21.2%；按15~64岁劳动年龄人口抚养65岁及以上人口计算，老年抚养系数分别为20.7%、18.1%、13.1%和14.6%。老年抚养系数基本上形成了从中心区向外围区逐级递减的趋势。

在北京的十八个区县中，按15~59岁劳动年龄人口抚养60岁及以上人口计算，老年抚养系数排在前三位的是宣武区、崇文区和朝阳区，分别为28.6%、27.7%和27.5%；按15~64岁劳动年龄人口抚养65岁及以上人口计算，老年抚养系数排在前三位的是宣武区、崇文区和西城区，分别为21.7%、21.5%和20.5%。这个比重的空间分布，也基本上呈现从中心区向外围区逐级递减的趋势。

三、北京市人口老龄化的发展趋势及特征归纳

（一）北京市人口老龄化发展趋势预测

按照现有的老龄化发展趋势和城市人口增长规律，有学者预计，2020年北京市60岁及以上老年人口将达到349万，占总人口的19.4%，2035年将达到最大量448.08万人，是1995年的2.9倍，然后老年人口数量将呈小幅度下降，2050年仍保持在443.24万人的高水平上（马小红，2003）。从这一预测结果可以看出，北京市老龄化程度在未来的20多年内将会继续加剧，到2030年左右老龄化程度达到高峰，其后将会有一个小幅度下降，随后将会保持一种比较稳定的发展趋势，基本上呈现类似"抛物线"的变化趋势。根据北京市人口老龄委预测[1]，北京人口老龄化的发展可以划分为三个阶段。

1. 2000—2015年左右（人口老龄化的初始阶段）

这一阶段的年平均年增长速度为3.3%，总抚养比将不会超过50%（国际上多以50%作为衡量抚养比高低的标准）。2000年北京市总抚养比为35.4%，处于历史上相对较低的时期。这段时期是北京市劳动年龄人口负担最轻的时期，对社会经济发展而言是"人口红利期"，也是应对未来人口老龄化高峰的最佳准备期。

2. 2015—2035年左右（人口老龄化的成熟阶段）

老龄化达到中度水平，相当于日本现在的老龄化水平。这一阶段老年人口数预计以每年3.4%的速度增长，老年人口总数增长近一倍，由2015年的280万左右上升到2035年550万左右，总人口抚养比从50%左右上升到65%左右。80岁以上的高龄人口数量增长迅速，

---

[1] 资料来源：北京市人口和计划生育委员会 http://www.bjfc.gov.cn/官方网站公布信息。

预计将从2015年的38万上升到2040年的75万。

3. 2035年以后(人口老龄化的稳定阶段)

此时北京的老年人口总量增长减缓,人口老龄化的发展趋向稳定,可这一阶段老龄化达到重度水平,预计全市老年人口将超过600万,占总人口的比重超过30%,其中80岁以上高龄老人占全部老年人口的比重将接近20%。这一时期北京市将迎来人口老龄化高峰,"人口亏损"效应显著。

总体来看,在今后几十年内,北京市人口老龄化程度必然会不断深化,增长最快的时期应该是在2015—2035年的这段时期,可以称之为"加速度老龄化阶段"。主要原因在于,北京市人口高峰期出生的人口都将大规模进入老年阶段,并且由于计划生育政策的实施控制了出生率,导致出生人口数量的大幅度下降,这两方面的原因直接导致了该时期北京市人口老龄化程度的加速度增长。然而,不容忽视的是,近期人口老龄化也正在快速增加,老龄人口规模越来越大,政府应给予足够的重视,特别是在"十二五"时期要予以重点考虑。基于以上分析,可以断言只有到2035年以后,北京市的人口年龄结构才会达到相对稳定且合理的状态。

(二)北京市人口老龄化呈现的基本特征

1. 老龄化程度远远高于全国平均水平

正如上文所述,北京市在1990年就已完全进入老龄化社会,而全国进入老龄化社会的时间是1999年。从1949年到2007年,我国老年人口由4154万增长到15340万,增加了269.3%,年平均增长速度为2.28%。而北京市从1950年到2007年,老年人口由15.3万增长到210.2万,增长了13.7倍,年平均增长速度为4.7%。早在2007年,北京市60岁及以上老年人口就已占到全市总人口的17.3%,而全国仅为

11.6%,由此可以看出,北京市人口老龄化程度远远高于我国总体水平,并且增长速度也远远高于全国平均水平。

2. 老年人口数量巨大且呈加速度增长

1953年人口普查北京市老年人口数为17.4万人,1962年普查为48.3万人,1982年普查为79.1万人,1990年普查为109.4万人,2000年普查为187.13万人,2010年普查为170.9万人,短短50多年的时间内北京市的老年人口数量增长了10倍之多。从拟合曲线来看(如图3-7),未来北京市老龄人口将会继续增加,而且增加幅度会进一步提升。

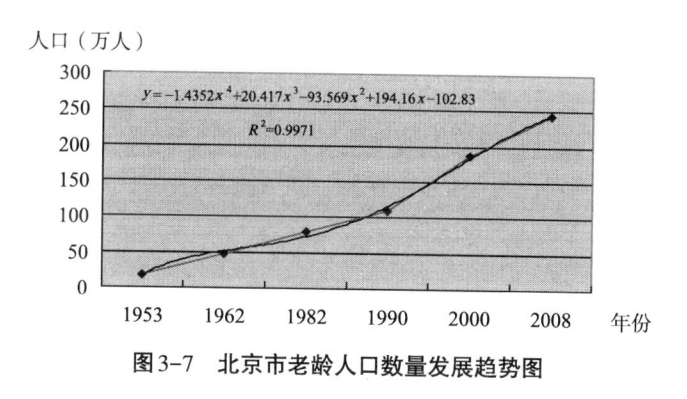

$$y = -1.4352x^4 + 20.417x^3 - 93.569x^2 + 194.16x - 102.83$$

$$R^2 = 0.9971$$

图3-7 北京市老龄人口数量发展趋势图

3. 人口老龄化与人口高龄化同步增长

北京市的人口老龄化在不断加速增长的同时,人口高龄化程度也在不断加剧。北京市80岁及以上的高龄老年人占总人口的比重从1982年的0.63%上升到1990年的0.85%,再上升到2000年的0.97%,达到13.2万人,分别是1982年和1990年的2.3倍和1.4倍。到2007年年底,这个数字又明显增加,已占到总人口的2.3%。由此可见,80岁及以上的高龄老年人占总人口的比重将伴随着老龄化程度的加速呈不断上升趋势。可以断言,随着生活条件的日趋改善,医疗科技水平的提高,高龄老年人的数量还将持续增加。高龄老年人口的不断增多,意味着对北京市的市民休闲活动场所和休闲服务设施提出了更高的要求,特别是对一些康体娱乐设施和无障碍设施的需求增多,对北京市的城市规划也提出了更多、更高的要求。

4. 老年人口地区分布不均衡,人口老龄化地区差异明显

目前北京市各区县的老龄人口在绝对数量上相差悬殊,而相对数量指标也存在差异。从北京市各功能区看,首都功能核心区、城市功能拓展区、城市发展新区和生态涵养发展区的60岁及以上老年人口数量分别为44.7万人、94.5万人、45.8万人和25.2万人,分别占全市老年人口总数的21.27%、44.96%、21.79%和11.99%,以城市功能拓展区最高、其次为城市发展新区(如图3-8)。从60岁及以上老年人口占总人口的比例看,首都功能核心区比例最高为19.7%,其次为城市功能拓展区为18.2%、生态涵养区则位居第三位为15.6%,最低的为城市发展新区为15%;四个功能区的80岁及以上老年人口占总人口的比例的排序与60岁及以上老年人占总人口比例排序吻合,即首都功能核心区、城市功能拓展区、生态涵养发展区和城市发展新区,分别为3.7%、2.1%、1.9%和1.7%。这说明,首都功能核心区是老龄人口及高龄老年人口分布最密集的地区,向外围周边地区则依次降低;城市功能拓展区则是北京市老年人口数量最多的地区,而向中心区和外围周边地区老龄人口数量都逐步减少。

5. 老年家庭空巢化趋势显著

随着计划生育政策的深入和市民住房条件的逐年改善,北京市的人口家庭规模在不断缩小,老年人家庭不断空巢化的趋势日益凸显,其中,又以独居老年人口的数量增幅较大。根据北京市2000年与1990年的人口普查比较发现,在所有老年人的住户中,两个老年人的住户比例增幅较大,2000年比1990年增加了近10个百分点,单身老人户有12.9万户,占11.0%,与1990年相比,增加了4.5万户,增幅达到

53.6%。在单身老人户中,女性老人单人户所占比例很大,占老人单人户的60.3%。在今后20年中,北京市第一批独生子女父母将陆续步入老年期,届时老年家庭空巢化的趋势将更为明显。"少子老龄化"的严峻态势,使得北京市老年人的经济供养、医疗保健、生活照料和精神慰藉等一系列社会问题更为突出,这些变化势必影响着未来北京市老年人口的休闲偏好,进一步来讲,也将对未来北京市的老年经济和老年休闲的可持续发展产生极其深远的影响。

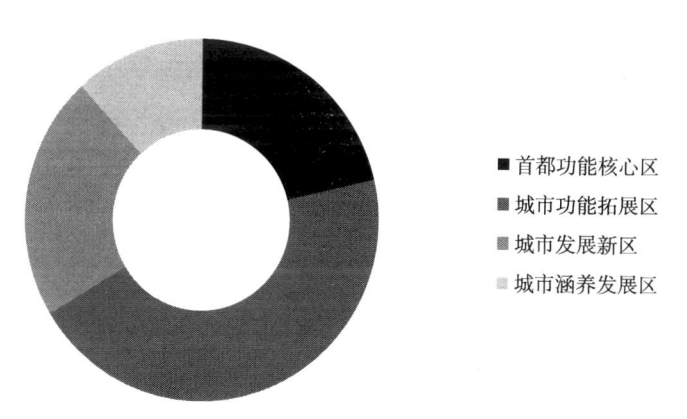

图3-8　2007年北京市各功能区60岁及以上人口比重分布

第四章　北京市老年休闲发展的影响因素解析

一、北京市老年休闲发展的客观因素分析

(一)城市总体休闲经济

现阶段,我国已经进入全面建设小康社会、加快推进社会主义现代化建设的新时期。人民群众在满足基本物质生活的需求之后,对精神文化产品与服务的需求呈现出快速增长的势头及多层次、多样化的特点,休闲经济也成为中国经济的新增长点。

根据世界各国的发展经验,当一个国家或地区的人均GDP达到800美元时,社会就会进入休闲消费的急剧扩张时期,人们将拥有相当多的经济实力和闲暇时间投入休闲消费,休闲经济也将步入飞速发展阶段。经过改革开放的20年飞跃发展,我国在1997年已经基本解决全国人民的吃饭问题,进入温饱型消费阶段;到2000年年底,我国人均国内生产总值首次超过800美元,进入小康社会。北京市作为首都,同时也是全国经济先导城市之一,早在1993年人均地区生产总值就已经达到10240元,按照当年的人民币汇率计算,已经超过1000美元;到2009年年底,北京市人均地区生产总值已达到68788元,比

上年增长6.2%,按年平均汇率折合10070美元,短短十几年间,北京的人均地区生产总值就翻了将近7倍,地区经济发展速度可谓十分惊人。由图4-1可见,自20世纪80年代以来(1981年除外)北京市各年份的人均地区生产总值一直不断增加,其中1994年增长最为迅速,年增长率高达27.9%,此后一直保持在10%以上的增长率,2008年由于全球经济危机的影响略有下降。总体而言,1981—2009年,北京市人均地区生产总值的年均增长率在14.12%。

从经济总量来看,2009年年底北京市地区生产总值达到11865.9亿元。自20世纪90年代以来,北京地区生产总值一直处于稳步增长的态势(见图4-2),增速均处于全国前列水平。北京市经济总量的稳步增长与乐观走势为休闲经济的发展提供了良好的基础条件。可以说,北京休闲经济已经度过了其历史发展的关键门槛,正在进入迅速发展的历史阶段。

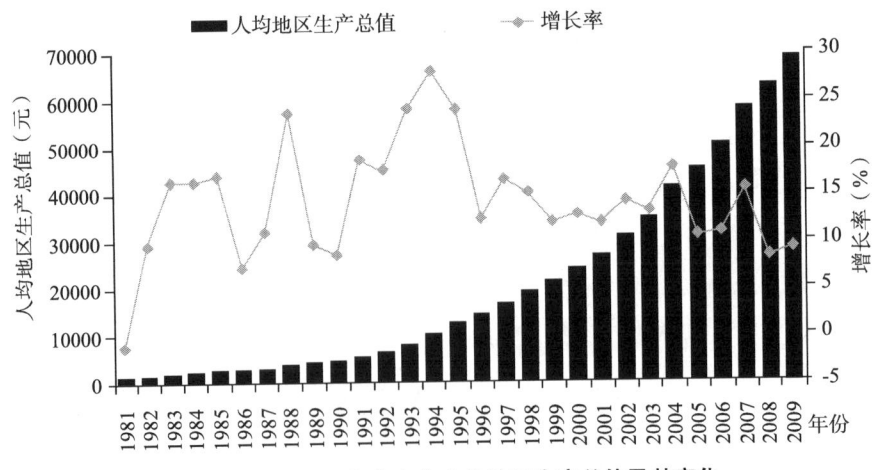

图4-1 1978—2009年北京市人均地区生产总值及其变化
资料来源:根据《2010年北京统计年鉴》公布数据整理。

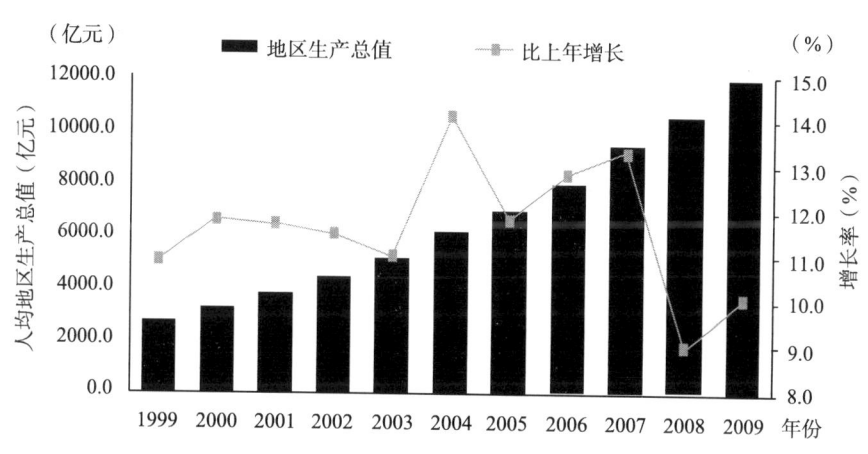

图4-2　1999—2009年北京地区生产总值及其变化
资料来源：根据《2010年北京统计年鉴》公布数据整理。

（二）市民休闲消费特性

根据世界旅游组织（UNWTO）判断，当一个国家的国民人均年收入达到300~400美元时，居民就产生了在国内旅游的动机；达到800~1000美元时，则想去邻国旅游；而超过3000美元时，便有了去较远的国家旅游的需求。按照发达国家的历史统计资料测算，当人均收入达到1000美元时，是消费结构巨变期，也就是说，此时人们的基本物质生活得到满足之后，消费转向旅游、教育、信息、娱乐等领域。按照这一判断标准，北京市居民1994年就已具备去邻国旅游的财力和需求。根据世界银行对于40多个国家消费发展状况的调查，当人均3000美元时，汽车消费将进入快速增长期。交通工具的发展，势必会促进旅游业的进一步发展。而旅游业作为休闲产业的重要组成部分，其发展水平从某种程度上也能够反映出该国家或地区休闲经济的实力。据某学者测算，2002年北京市居民全年人均出游1.8次，每次花费为780元，年花费总额为1404元，是全国平均旅游花费412元的3.4倍（王琪延，2004）。人均可支配收入水平与人均旅游花费水平相关，由图4-3可知，自1990年以来，北京市居民的人均可支配收入从1990年的1787元上升到2008年的24725元，人均消费性支出由1990年的1646元增加到2008年的16460元，增加了整整10倍，居民消费能力相当可观。

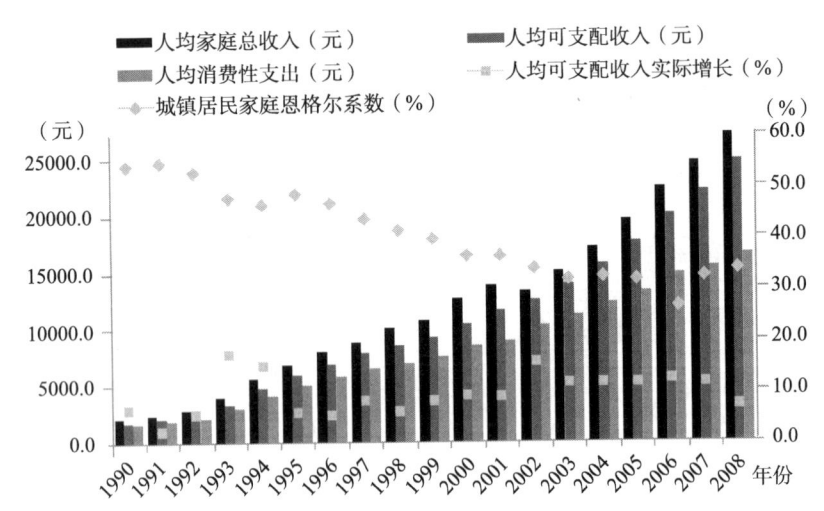

图4-3 1990—2008北京市城镇居民收支水平及其变化
资料来源：根据《2010年北京统计年鉴》公布数据整理。

而从消费结构来看，最能够反映消费结构的一个指标当属恩格尔系数。联合国根据恩格尔系数的大小，对世界各国的生活水平有一个划分标准，即一个国家平均家庭恩格尔系数大于60%为贫穷；50%~60%为温饱；40%~50%为小康；30%~40%属于相对富裕；20%~30%为富裕；20%以下为极其富裕。按此划分标准，20世纪90年代，全球恩格尔系数在20%以下的只有美国，达到16%；欧洲、日本、加拿大，一般在20%~30%之间，是富裕状态；东欧国家，一般在30%~40%之间，相对富裕；剩下的发展中国家，基本上分布在小康水平左右。图4-3显示，北京市城镇居民的家庭恩格尔系数近20年来呈现出不断下降的趋势,1990年为54.2%,尚处于温饱水平;到了1999年首次低于40%,说明北京市居民正逐步向相对富裕阶层迈进;此后恩格尔系数一直在30%~35%之间,2000—2009年的10年里,北京市恩格尔系数的平均值为33.2%,居民生活水平与消费结构相对比较稳定。

在食品消费中,在外就餐的餐饮消费越来越具有休闲性。所以实际上满足生理需要的食品消费支出的比重更小。调查表明,用于休闲消费支出的比例占28%。闲暇消费已经接近全部消费的三分之一,成为北京市居民的第二大消费领域。据美国有关部门的统计显示,20世纪90年代,美国人有1/3的时间用于休闲,有1/3的收入用于休闲消费(刘峰,施祖麟,2002)。因此,可以判断,抛开消费文化和消费习惯,北京市居民目前的闲暇消费水平大致上相当于美国20世纪90年代的水平。

在国民经济三大产业中,第三产业与休闲产业的相关程度最高,第三产业体现着休闲产业的发展趋势。自1999年以来,北京市的地区生产总值一直持续保持两位数的增长速度。2009年,北京市第三产业对地区经济增长的贡献率达到了75.8%,其中与休闲产业联系较为密切的餐饮业、居民服务业、文化体育娱乐业等的贡献率达到10.1%。研究表明,休闲品的生产和提供的服务活动对于大城市经济繁荣的贡献值在日益增加。随着劳动生产率的进一步提高,休闲经济将成为中国大城市新的经济增长点。与休闲有关的行业或产品生产也将是最具有生命力的行业或产品。因此,能否满足城市居民对于休闲品数量和质量的需求,在某种程度上决定了北京地区经济的可持续发展以及持续繁荣。

(三)公园绿地休闲空间

随着北京城市化水平的不断提高,城市环境问题日益突显,城市绿地建设的重要性已成社会共识。公园绿地[1]是城市建设用地、城市绿地系统和城市市政公共设施的重要组成部分，是表示城市整体环境水平和居民生活质量的一项重要指标。出于身体条件和个人喜好等原因，老年人更加倾向于到城市公园绿地这种可以提供绿色空间和交流锻炼的场所进行户外休闲活动，因此产生了对公园绿地的需求。尤其是近几年北京市实施公园免费开放之后，城区的老年人都将公园绿地作为早晚锻炼的主要休闲空间。

1. 2000年以来公园绿地规模的发展变化

自2000年以来，北京市城市绿地的面积呈现出明显的上升趋势，截至2009年年底，北京市森林覆盖率达到36.7%，林木绿化率达到52.6%，城市建成区绿化覆盖率达到47.69%，北京已经建成城市绿地近5万公顷，人均绿地面积达到49.5平方米，人均公园绿地面积达到12.11平方米，高于8.98平方米的全国平均水平。

表4-1比较了2000—2010年北京市园林绿地的变化情况。需要注意的是，在园林部门的实际统计工作中"公园绿地"与"公共绿地"经常通用，北京市园林部门在2006年前一直采用"公共绿地"的概念，在《2007年北京园林年鉴》中北京市园林绿化局专门用"公园绿地"的概念进行了2000—2006年的统计，从公布的统计数据来看，2000—2006年"公园绿地"与"公共绿地"面积吻合，所以本书采用"公共绿地"（2006年前）的面积作为"公园绿地"面积进行分析比较。

由表4-1可见，2000年北京市园林绿地面积为20600公顷，其中公园绿地面积为5513公顷，到2010年这两个指标分别为62672公顷和19020公顷，分别增加了2.04倍和2.45倍，增长势头比较迅速。

---

[1] 根据2002年建设部《城市绿地分类标准》CJJ/T 85-2002，城市绿地分为五类：公园绿地、生产绿地、防护绿地、附属绿地和其他绿地。其中"公园绿地"是指城市中向公众开放的，以游憩为主要功能，有一定的游憩设施和服务设施，同时兼有健全生态、美化景观、防灾减灾等综合作用的绿化用地。

2000年以来,北京市建成区的绿化覆盖率一直维持在36%以上,2000年为36.5%,2010年发展为45%,10年来年均增速在3%左右,绿化覆盖率增长较为稳定。

"人均公园面积"是欧美、日本等国家普遍采用的反映绿地建设水平的一项指标,它与"人均公园绿地面积"的概念是相对应的,从发展趋势来看,二者在实际应用领域逐步趋同。北京的人均公园绿地面积在2000年为8.68平方米,2010年为15平方米,10年间增长了72.8%,从国际水平来看,德国柏林的人均公园绿地面积为26.1平方米,奥地利维也纳为70.4平方米,美国洛杉矶为18.06平方米,法国巴黎为8.4平方米,与国外发达国家的首都城市相比较,北京的人均绿地面积并不高,仅仅达到国际大都市应具备的基本水平。即使在我国已公布的125个"国家园林城市"中,北京的人均公园绿地面积也不占优势,并未进入全国前十位的行列[1]。

表4-1　2000—2010年北京市园林绿地变化情况

年份	城市园林绿地面积(公顷)	公园绿地面积(公顷)	公园数量(个)	公园面积(公顷)	建成区绿化覆盖率(%)	人均公园绿地面积(平方米)
2000	20600	5513	96	4192	36.50	8.68
2001	29365	7070	129	4560	38.80	9.90
2002	42192	9577	166	5134	40.60	10.10
2003	48495	10825	222	5662	40.90	11.30

---

[1] 根据住房和城乡建设部综合财务司编制的《2008年中国城市建设统计年鉴》,国家园林城市中"人均公园绿地面积"指标排在前十名的城市分别是:常熟34.02m²、威海23.75m²、荣成22.02m²、三亚20.74m²、肇庆19.65m²、敦化19.58m²、日照18.87m²、扬州18.68m²、文登18.17m²、张家港17.06m²。

续表

年份	城市园林绿地面积（公顷）	公园绿地面积（公顷）	公园数量（个）	公园面积（公顷）	建成区绿化覆盖率（%）	人均公园绿地面积（平方米）
2004	49298	12446	281	6060	41.90	10.49
2005	44384	11365	264	11365	42.00	11.00
2006	53163	14234	320	7354	44.35	10.68
2007	44840	11821	258	6390	36.17	8.57
2008	46993	12316	265	6477	37.15	8.56
2009	61695	18070	212	9858	47.69	12.11
2010	62672	19020	312	9960	45.00	15.00

资料来源：2000—2009年数据来源于2001—2010年各年度的《中国统计年鉴》，2010年数据来源于北京市园林绿化部门的统计数据。

2. 北京公园绿地的空间分布

从公园绿地的空间分布来看，如图4-4所示，内城区（东城区、西城区）和近郊区（海淀区、朝阳区、丰台区、石景山区）的公园绿地面积2000年为5512公顷，2002年为5941公顷，到2005年增长为7803公顷，年增长率为6.2%。远郊区县公园绿地面积在2000年、2002年和2005年分别为1627公顷、1965公顷和2688公顷，年增长率为6.6%。通过这三年的比较发现，内城区和近郊区的公园绿地面积一直远远大于远郊区县，是远郊区县的3~4倍，但是二者的年增长率差别不大。从公园绿地面积的比例来看，2000年、2002年和2005年内城区和近郊区公园绿地的面积占北京市公园绿地总面积的比例分别为77%、75%和74%，可以说，北京市的公园绿地主要集中在城六区，比例在3/4左右。这种分布格局与北京市老年人口的分布格局是基本一致的，基本呈现从内城向外城递减的空间分布特征。但是从人均指标的空间分布来看却恰恰相反,内城区和近郊区的人均公园绿地面积在2000年、2002年和2005年分别占同年远郊区县的一半左右,北京市人均公园绿地面积的空间分布严重不均。由此可见,城六区公园绿地的承载力有限,远郊区县具备很大的发展空间。随着未来北京远郊区县旅游开发和居住区的发展,远郊区的公园绿地面积将会逐渐增加,这种人均绿地分布不平衡的局面也会逐步得到改善。

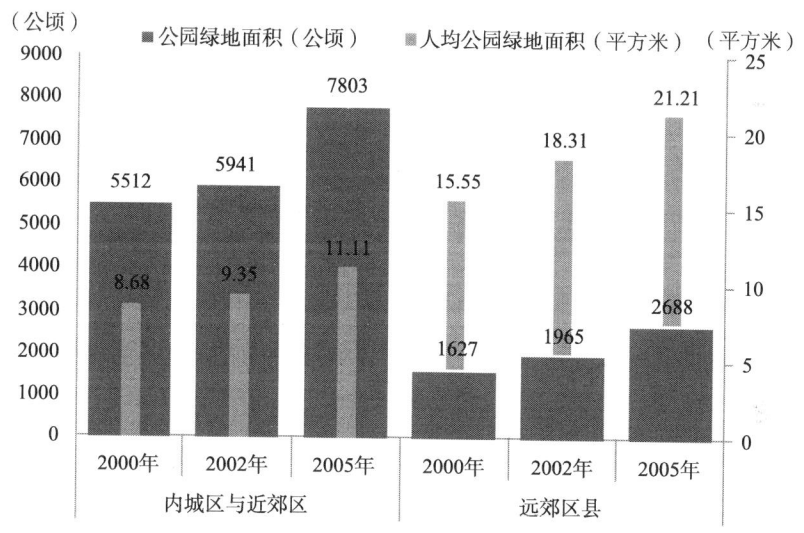

图4-4 北京市公园绿地与人均指标的空间分布及其变化情况

3. 北京市休闲公园的建设现状

近年来随着政府财政投入的增加,北京市公园绿地的数量越来越多,建设质量也在不断提高。据北京市园林绿化局提供的数据,截至2010年年底,北京市公园绿地已经达到1000余处,城镇注册公园共有312个(其中免费公园数量占全市总数的78%),初步形成了由综合公园、专类公园、带状公园、社区公园构成的比较完整的城市公园体系(见图4-5)。

在全市312个公园中,有11个市属公园,它们分别是颐和园、天坛公园、北海公园、景山公园、中山公园、香山公园、北京植物园、紫竹院公园、玉渊潭公园、陶然亭公园,全部位于东城、西城和海淀三区。从各区县的公园个数来看,以怀柔区最多,平谷区最少,内城区和近郊区占总数的44%,远郊区县占56%,在公园个数上较城六区略多(见表4-2)。

表4-2 2010年北京市各区县公园个数

区县名称	公园个数	区县名称	公园个数
东城区	25(2)	通州区	15
西城区	22(4)	顺义区	16
朝阳区	37	大兴区	22
海淀区	21(5)	昌平区	8
丰台区	23	平谷区	5
石景山区	9	怀柔区	40
门头沟区	7	密云区	19
房山区	34	延庆区	9

注:括号内为市属公园个数。

资料来源:根据首都园林绿化政务网(http://www.bjyl.gov.cn/)公布数据整理。

目前北京的许多公园经过改造和翻新建设,已呈现出绿地数量多、植物品种丰富、免费公园所占比例越来越高等特点。以莲花池公园为例,自2000年恢复改造工程后重新对外开放,目前已经成为周边老年居民健身、摄影、垂钓和文化活动交流的理想场所。北京市在公园绿地建设上广泛采用雨水回灌系统、透水铺装、精确灌溉技术、生态厕所等节约型园林建设措施,使公园建设更加人性化,配套服务设施布局更加合理。同时,公园还根据游客需求,适当增加了活动场地,调整了开闭园时间,同时注重园内牌示导览系统和无障碍设施建设等,为老年人休闲活动的组织与开展提供了更多便利条件。

但是,北京市休闲公园的建设也存在一些问题,主要问题在于当前北京市休闲公园的分布与老龄人口分布不相匹配,绿地空间配置不均衡。以2005年的人口统计数据作比较,图4-5显示出北京市原城八区的老年人口比重与公园分布密度之间存在着比较明显的正相关关系,老年人口比重越高的地区其公园分布密度也越大。但是图4-6却显示出在北京市所有区县的区域范围内,老龄人口比重和公园个数的这种正向联系并不显著。根据北京市园林部门公布数据,当前北京市区的注册公园多数分布在内城区和近郊区,远郊区的数目非常少,与老年人口的空间分布无法匹配,势必造成内城区公园游客密度大、老年休闲活动空间拥挤、公园的承载力过大的局面,加大了公园环卫、经营与设备维护的成本,给这些公园的管理带来了很大困难。这种城市中心区绿地总量相对不足,城市绿地空间布局不合理、发展不平衡、服务半径不到位的问题仍有待进一步解决。

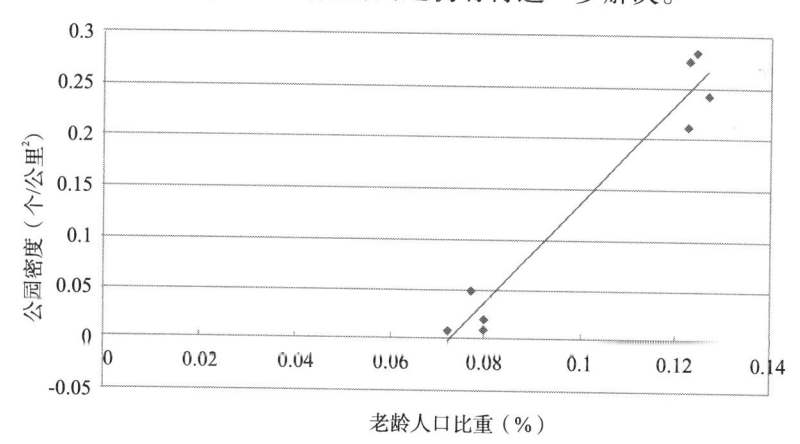

图4-5 2005年北京原城八区老龄化与公园密度相关性回归分析[1]

---

[1] 该图参考于:祝昊冉,冯建.北京城市公园的等级结构及其布局研究[J].城市规划,2008,15(4):82.

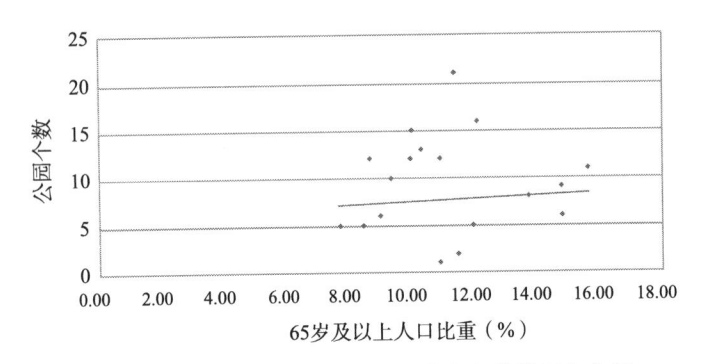

图4-6 北京各城区老龄化与公园个数相关性回归分析

（四）老龄事业发展政策

由前文分析可知，北京的人口老龄化是一个不可逆转的趋势，同时，老龄化的加剧，也为北京的城市建设带来了很多社会问题。因此，北京市政府对人口老龄化问题予以高度重视，早在1984年就建立了专门的老龄工作机构，负责组织、协调老龄事业的政策制定与推广工作，以应对人口老龄化对城市建设带来的一系列问题和挑战。特别是1994年以来，北京市把老龄事业有计划、有步骤地纳入首都社会经济可持续发展规划中，并把实现"老有所养、老有所医、老有所教、老有所学、老有所为、老有所乐"作为政府工作目标，努力创造一个"不分年龄、人人共享"的良好社会氛围。经过十几年坚持不懈的努力，北京市现已初步建立健全了以养老、医疗、城市最低生活保障制度为重点的多层次社会保障体系；先后颁布实施了《北京市老年人权益保障条例》《北京市老龄事业五年发展计划（1996—2000年）》《北京市"十五"时期老龄事业发展规划（2001—2005年）》《中共北京市委、北京市人民政府关于加强老龄工作的意见》和《北京市"十一五"时期老龄事业发展规划（2006—2010年）》等一系列重大决策和相关政策；积极推进与社会主义市场经济体制相适应的管理服务社会化、网络化的社区服务体系建设,兴建各类社会养老机构和各类老年文化、体育活动设施,并取得了初步成效。

近几年,北京市加大了对老年生活保障与老年人医疗、养老、社区的投入力度,出台了一系列相关法规与实际举措。自2009年1月1日始,北京市颁布实施了11项老年人优待政策,主要集中在生活服务、文体休闲、医疗保健、维权服务四个方面(见附表1)。这些政策的实施,切实满足了老年人的实际生活需要,大大提高了老年人的生活满意度与休闲生活质量,尤其是免费乘公交、免费逛公园等措施,不仅降低了老年人的出行成本,同时也为他们的休闲生活提供了更多的空间与便利。

但是,这一系列政策的出台仅仅针对的是京籍老年人,目前数十万生活在北京的非京籍老人却不能享受到这些优待政策。据测算,北京市目前居住半年以上的非京籍老年人口有30万人,居住半年以下三日以上流动人口中的老年人约20万人。此外,算上日益增多的非中国籍的老年游览观光者,现有的出行环境、公共服务设施与接待能力,尚不具备扩大免费服务的条件,制约了老年人优待政策的推广。因此,加快改进城市基础设施建设、提高老年保障项目的财政投资力度、增加城市公共服务设施与休闲服务设施的数量是缓解这一矛盾的关键。

二、北京市老年休闲发展的主观因素分析

(一)老年闲暇时间

从全国范围来看,近几年我国相继出台了很多节假日调整政策,使得居民的节假日等休闲时间得到不断增加,老年人与其家人、朋友

的休闲互动时间与之前相比也相应增多。自1995年起,我国实行每周五天工作制,1999年9月开始实施"春节""五一""十一"3个"黄金周"以来,居民的全年法定节假日时间达到114天,城市居民平均每日闲暇时间为6小时左右,每天1/4的时间可以用于休闲活动。2008年虽然"五一"黄金周被取消,但又增加了"清明""端午"2个法定节假日,我国居民全年已经有超过1/3的时间是在闲暇中度过的,可以说,我们正在进入一个普遍有闲的社会。

从时间维度来看,北京市民的休闲时间随着历史时间的推移呈现出越来越多的趋势。有研究表明,1982年北京居民的闲暇时间仅仅是每周3小时30分,1986年是3小时59分,而到了1996年,北京居民的闲暇时间变为每周平均5小时3分钟,2001年北京居民闲暇时间每周平均为5小时44分钟,比1996年增加了41分钟(马惠娣,张景安,2004b)。我国国家法定的退休年龄是男性60周岁(教授级高工65周岁)、女性55周岁(教授级高工60周岁)。因此,除少数行业外,绝大多数60周岁以上的老年人都已经步入退休阶段,闲暇时间自然也比年轻人要多许多。老年人的年龄越大闲暇时间也就越多,可以说,居民年龄与闲暇时间是呈正相关的。

(二)老年休闲活动方式

随着老年人休闲时间的增多,其休闲活动方式也在发生转变。一方面,老年人卸掉了沉重的工作压力包袱,开始将生活的重心转移到家庭中,他们更倾向于清静的休闲场所,喜欢静态的休闲活动方式,例如读书、看报、听广播、看电视、聊天等活动(见表4-3);另一方面,老年人普遍存在身体机能老化与健康问题,因此老年人的养生保健意识非常强烈,对自身的健康状况也更加关心,只要是有益于身体健康的活动都会积极参与,因此,唱歌、跳舞、太极、散步等各项体育锻炼活动都是老年人比较喜欢的休闲活动方式。

表4-3 北京居民在不同项目上的年龄分配

单位：小时

项目	50岁以下	50~59岁	60~69岁	70岁及以上
看电视	9.2	15.5	13.9	13.5
家务	1.8	2.8	5.0	4.0
娱乐活动	2.6	3.2	2.9	5.2
听广播	1.7	1.0	0.6	1.5
读报纸	1.7	1.6	2.5	1.5
体育活动	0.0	0.2	0.0	0.0
读杂志	0.5	3.7	1.7	3.0
读书	0.5	0.2	0.5	0.8
聊天	6.6	13.0	10.0	16.0
文化活动	0.0	1.3	0.8	0.3
看电影	0.0	0.1	0.1	0.0
闲坐	0.0	0.6	0.2	0.8
朋友聚会	1.8	0.6	0.2	0.0
志愿活动	0.0	0.0	0.0	110.0
旅游休闲	1.8	4.0	3.6	1.6
宗教活动	16.0	14.0	11.1	8.8
其他	1.8	4.3	0.3	1.0
被调查人数	40.0	115	109.0	11.0

资料来源：马惠娣,张景安.中国公众休闲状况调查[M].北京:中国经济出版社,2004:205

零点调查公司曾经于2005年8月采用入户访问的方式,对北京、上海、广州、成都、沈阳、西安、武汉7个城市共2225名60岁以上的老年人进行了关于生活质量的访问。调查表明,有四成老年人对自己的休闲娱乐生活表示不满意。从老年人在典型的一天内从事的主要活动来看,大部分老年人对于媒体的依赖性较大,85%的老年人生活中离不开电视,25.2%会听广播。生活中还有一部分重要的内容是家务劳动,61.8%的人会做家务,还有11.3%的人照看孩子。另外,老年人对于健身的热情较高,55.8%的人会锻炼身体,还有35.9%的人遛弯或逛街。而读书看报、下棋、听歌、上网等精神文化活动的比例则比较低。说明老年人的生活内容中对于媒体的依赖性较大,对于健身活动的重视高于修养等精神层面活动的重视,也间接反映了老年人的休闲手段和设施缺乏的现状。

(三)老年休闲文化

中华民族是一个懂休闲、会休闲的民族,自古以来,中国人对休闲就极为推崇,并且十分重视休闲与健康之间的关系。中华文明源远流长,从文化角度来看,休闲作为中国传统社会的一种亚文化形态,形成了独具特色的休闲方式,诸如诗词歌赋、琴棋书画等。中国人认为"闲能生慧""心闲体静""心宽体健",心情悠闲可以达到修身养性、颐养天年之目的。古人认为,"流水之声可以养耳,青禾绿草可以养目,观书绎理可以养心;弹琴学字可以养脑,逍遥杖履可以养足,静坐调息可以养筋骸"。可见,休闲与身体健康有着千丝万缕的联系。从词义学的角度来看,"休闲"二字中的"休"字在《康熙字典》和《辞海》中皆被解释为"吉庆、欢乐"的意思,正所谓"人依木而休"。而"闲"字则通"娴"字,有娴静、思想的纯洁与安宁之意。"休""闲"二字词义的组合,恰恰表明了"休闲"所代表的文化内涵,它与"消闲""空闲""消遣"截然不同,这个颇具哲学意味的文化象喻,表达了人类生存过程中劳作与休憩的辩证关系,又喻示着物质生命活动之外的精神生命活动,使人与自然浑然一体,赋予了生命更深刻的存在价值。

与年轻人的休闲活动相比,老年休闲文化更加深刻地受到中国传统文化的影响,休闲带给老年人的不仅是机体功能的锻炼与提升,更重要的一点,休闲为老年人的晚年生活注入了无限活力与生机,它能够带给老年人更深层次的精神满足与寄托。当今社会物质文明十分发达,这种精神世界上的满足显得尤为珍贵。在当前年轻的一代人对"舶来品"趋之若鹜的社会风气之下,老年休闲文化的发展也是对中国传统文化的固守与传承。

(四)老年休闲需求

根据美国心理学家马斯洛的需求层次理论[1],可以将人类的需求分成生理需求、安全需求、社交需求、尊重需求和自我实现需求五大类,依次由低层次到较高层次排列。行为心理学家普遍认为,一个国家或地区多数人的需要层次结构,是同这个国家或地区的经济发展水平、科技水平、文化水平和居民受教育程度直接相关的。在发达地区,人们的初级需要普遍已经得到满足,自我实现、尊重与社交需求占主导的人数比例比较大。对我国的老年群体来说,他们的生理与安全等低层次需求已经基本得到解决,如何满足老年人的中、高级需求是今后老年工作与研究的重点,而老年休闲需求就是其中的一个重要内容(如图4-7所示)。

---

[1] 需求层次理论,亦称"基本需求层次理论",是行为科学的重要理论之一,它最初是由美国人本主义心理学家亚伯拉罕·马斯洛(Abraham Maslow,1908年4月1日—1970年6月8日)于1943年在《人类激励理论》论文中提出,并由此为世人熟悉。

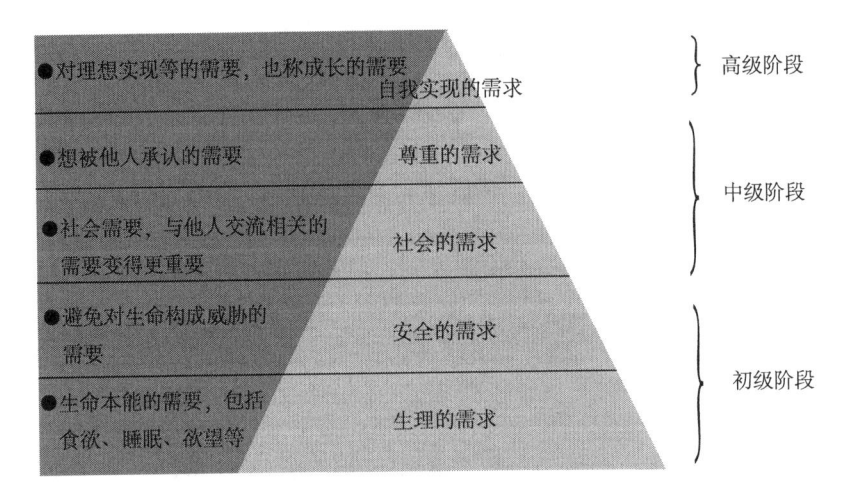

图4-7 马斯洛需求层次理论

随着社会的发展,到21世纪初,我国第一代出生的独生子女正在逐渐步入青壮年,中国传统家庭中几代同堂的大家庭生活方式也逐渐被一个个小型化的家庭格局所代替。家庭格局的变迁使得我国社会的空巢老人、独居老人日益增多,老年人与子女、亲友之间见面的机会减少,导致老年人的社交需求得不到满足,严重影响了老年人的休闲生活质量与心理健康。由于老年人的社交需求得不到满足,更高层次的尊重与自我实现更无从谈起。虽然老年人的寿命延长了,但是孤独、寂寞的心理情绪可能导致老年人精神紊乱、暴躁易怒并丧失判断力。很多研究表明,老年群体中心理障碍与精神疾患的发病率非常高,而目前老年抑郁症、老年痴呆症也有不断上升的趋势。因此,在关注老年人的社会保障、医疗保障体系建设的同时,我们更应该关注老年人的休闲需求,丰富老年人的精神文化生活,给予老年人更多的人文关怀与自我发展空间。

三、小结

总而言之,无论从客观环境还是主观因素来看,近10年来影响北京老年休闲发展的各因素都发生了不同程度的变化,表4-4直观地表示出这些因素的变化程度,正因为这些因素发生了变化才导致北京市老年人休闲行为特征的变异。

表4-4 北京市老年休闲的影响因素对比

分类	2000年前	2010年	差异度等级
老年人口	65岁以上人口比重7.8%,人口老龄化起步阶段,老年人口增长速度较为平缓;内城区和近郊区老年人口占全市的2/3以上	65岁以上人口比重超过10%,人口老龄化程度逐步深化,增长速度加快并趋于稳定;内城区和近郊区老年人口占全市的比例将近2/3	●●●●●
老年休闲消费	人均可支配收入约10300元,人均消费性支出约8500元,初具休闲消费潜力	人均可支配收入约29000元,人均消费性支出约17000元,比10年前翻了一倍多,休闲消费能力可观	●●●●●
城市公园绿地建设	城市公园绿地面积55130000平方米;城市绿化覆盖率36%,人均公园绿地面积8.68平方米;注册公园不到100个	城市公园绿地面积62672公顷,比10年前增加了10倍多;城市绿化覆盖率45%,人均公园绿地面积15平方米;注册公园312个,初步形成较完整的城市公园体系	●●●○○

续表

分类	2000年前	2010年	差异度等级
老年人社会福利	享受社会基本福利政策	享受专门的老年优待政策	●●●○○
老年休闲设施	全市全民健身晨晚练活动场所不到3000个	全民健身晨晚练场所4905个	●●●○○
老年闲暇时间	闲暇时间相对多于年轻人及未退休群体	法定节假日增多，与家人共处的休闲时间增加	●○○○○
老年休闲活动方式	倾向于静态的休闲活动方式和益于身心健康的活动	基本变化不大，对于健身活动的重视高于对修养等精神层面活动的重视	●●○○○
老年休闲文化	受到中国传统文化的影响	在新时代特点的基础上，继续对中国传统文化的传承	●○○○○
老年休闲需求	需求理论的"初级-中级"阶段	社交与情感交流需求增加，由中级需求向高级需求发展	●●●○○

第五章 北京市老年休闲行为特征变异
——以2000年和2010年为例

一、样本选取说明及调查过程阐释

(一)调查手段与问卷设计

本研究的调查方法采取定量与定性相结合的方式进行。定量调查以问卷调查法为主,采取街头、公园或社区随机抽样的方法进行,而定性调查主要采取参与观察和深度访谈的形式来开展。

在问卷设计的过程中,由于时代背景、人口特征、地域特征、经济发展水平、老年休闲需求等因素的变迁,在保留2000年问卷调查基本内容的基础上,2010年的调查势必要对问卷内容设计进行相应的改进和调整,因此本研究的问卷设计分"A卷"与"B卷"两部分进行。本研究在执行问卷调查之前,综合了先前研究中使用的问卷和专家咨询,问卷初稿成型后,经过预调研进行进一步的修改,最后才大规模开始实施问卷发放,具体问卷设计流程见图5-1。

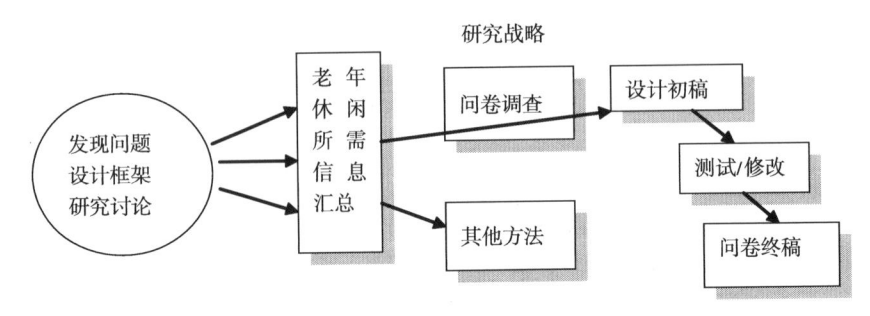

■ 北京市老年人休闲行为特征变异与休闲空间组织研究

图5-1 老年休闲问卷设计流程图

为了便于数据统计分析,问卷中的所有问题全部采用封闭式方法设计,将开放式问题放在定性访谈中展开。A卷共29个选项,问卷设计重点在于老年人的休闲时间、休闲偏好、休闲动机、休闲空间、休闲消费以及老年旅游的相关内容,侧重于对当前北京市老年人的休闲行为特征进行分析,这部分内容与2000年的问卷内容基本相同,便于后期的数据统计分析对比;B卷共40个选项,这是2010年的调研中新增加的部分,问卷设计采用等级尺度法设计,调查内容主要分为两部分组成:老年休闲动机与老年休闲满意度指标,侧重于对老年休闲功能评价与老年休闲生活质量评价指标进行分析。

定性访谈的具体实施方式是在北京中心城区的各居民社区随机选取10个社区,然后从每个选中的社区中随机对五位老年常住居民❶进行深度访谈,访谈内容集中在老年闲暇时间、老年休闲空间、老年休闲设施、老年休闲的期望——满意度等几个方面,以期对老年休闲的时空变异进行更加深入的了解和掌握。

(二)样本选取时间

本研究的调研工作自2010年5月正式开始,一直延续到2010年

---

❶ "常住"的意思是被访者必须在该社区居住时间不少于十年。

10月,户外调研工作才全部完成。问卷调查的时间安排在2010年5—7月中旬,选取每周的周六、周日上午9:00—12:00的时间段进行。深度访谈的时间主要安排在2010年9—10月进行,但是笔者在问卷调查的过程中,也随机选取了部调查对象进行深度访谈,获取了一定信息,这对随后深入社区的老年休闲访谈调研也极为有利。

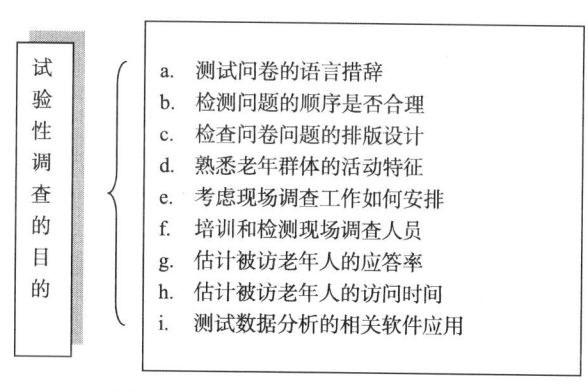

试验性调查的目的
- a. 测试问卷的语言措辞
- b. 检测问题的顺序是否合理
- c. 检查问卷问题的排版设计
- d. 熟悉老年群体的活动特征
- e. 考虑现场调查工作如何安排
- f. 培训和检测现场调查人员
- g. 估计被访老年人的应答率
- h. 估计被访老年人的访问时间
- i. 测试数据分析的相关软件应用

图5-2 进行老年休闲预调研的目的

这里需要对调查时间进行一下说明。2010年春季,北京市出现了一场罕见的"倒春寒",低温天气一直持续到4月,不适合老年人的晨晚练,而"五一"之后北京的天气迅速升温,老年人经历了一个漫长的冬天之后,不论体质如何都喜欢到户外进行活动,因此本研究的预调研工作从"五一"之后开始进行。预调研,也有人称之为"试验性调查",它是问卷调查必不可少的环节,尤其是对于像本研究这种样本容量较大的调查非常关键,通过预调研可以尽早发现问卷设计中存在的问题,同时避免重复的体力劳动(图5-2)。笔者于5月14日、15日、16日先后在地坛公园、青年湖公园、柳荫公园、北土城公园随机调查了39位老年人,随后对采集到的数据进行了简单分析,并对问卷设计内容进行了改进,完成了初步的预调研工作。在预调研中发现早晨和傍晚两个时间段的人流量比较多,而且傍晚的人数明显多于早晨和上午,而从人流量的结构统计来看,上午老年人明显比年轻人多,由于生活习惯和工作时间等因素的制约,年轻人很少有时间在早晨或上午到公园进行健身。而老年人虽然普遍起床时间较早,但是8:30—9:00之前公园里多数老年人都在参与各项集体活动,并不适合作为问卷调查的被访对象,而9:00以后有的老年人结束集体活动进入自由活动或休息时间,因此本研究将问卷调查时间段选取在上午的9:00—12:00之间进行。

(三)样本选取地点

从第三章的阐述中可以得知,北京市老年人口的空间分布呈现由内城向外城递减的格局。首都功能核心区和城市功能拓展区的老年人口比重最大,因此本研究在进行问卷调查时主要将调查地点放在东城、西城、海淀、朝阳、石景山和丰台六区。通过对问卷调查的数据进行统计发现,被调查者中也有少部分来自于北京近郊区的居民,比如房山区、昌平区、通州区等。

根据老年人休闲活动习惯的不同,本次问卷调查的地点可以归为两类:一类是市民休闲公园,由于公园休闲场地空间较大,人流量较多,休闲活动项目丰富,非常适合进行问卷调查,可以作为集中调查的地点,本研究的问卷调查全部都是在各个公园完成的;另一类则是居民社区,在很多小区都配备了一定的休闲健身设施,因此大部分居住地距离公园较远、活动能力受限的老年人都习惯于在小区进行户外活动,这部分老年人也要纳入被调查的目标人群之中,重点对他们进行深度访谈。

在市民休闲公园的地点选取方面,为了便于数据的对比分析,在问卷调查中,本研究依旧沿用了2000年"北京老年休闲研究"中采用

第五章 北京市老年休闲行为特征变异——以2000年和2010年为例

过的地点选取方式,即以位于北京市中轴线上的市民公园作为主要的样本采集地点,这些公园从南往北依次是天坛、北海、景山、地坛、青年湖、柳荫公园、北土城遗址公园和奥林匹克森林公园,同时增加了紫竹院、玉渊潭、八大处、团结湖这四个点,使得调查范围在空间上往东西两个方向延伸,基本覆盖了北京市四环以内的几个主要的居民休闲绿地和部分四环与五环之间的大型户外休闲空间。

在社区深度访谈的地点选取方面,2000年的老年休闲研究深度访谈样本收集地点皆位于北京市四环以内或北四环外,见表5-1。在2010年的老年休闲研究调查中,由于这部分调研基本都是由本人独自完成,受到调查时间和个人精力的限制,同时基于有利于前后两年时空对比分析的考虑,样本选取地点多数在四环以内的社区完成,同时在空间分布的北向和东西向有所延伸,增加了永泰小区、望园西里小区和八里庄小区等地点,具体访谈地点如图5-3。

表5-1 2000年小区个案样本选取地点分布

小区名称	区位	小区名称	区位
新源里小区	朝阳区/东四环	羊坊店小区	海淀区/西三环
祁家豁子	朝阳区/北四环内	豹房小区	朝阳区/北四环外
中关村小区	海淀区/北四环	亚运村小区	朝阳区/北四环外
北洼路小区	海淀区/西三环	花市小区	崇文区/东三环内
广内小区	宣武区/南二环	天坛小区	崇文区/南二环

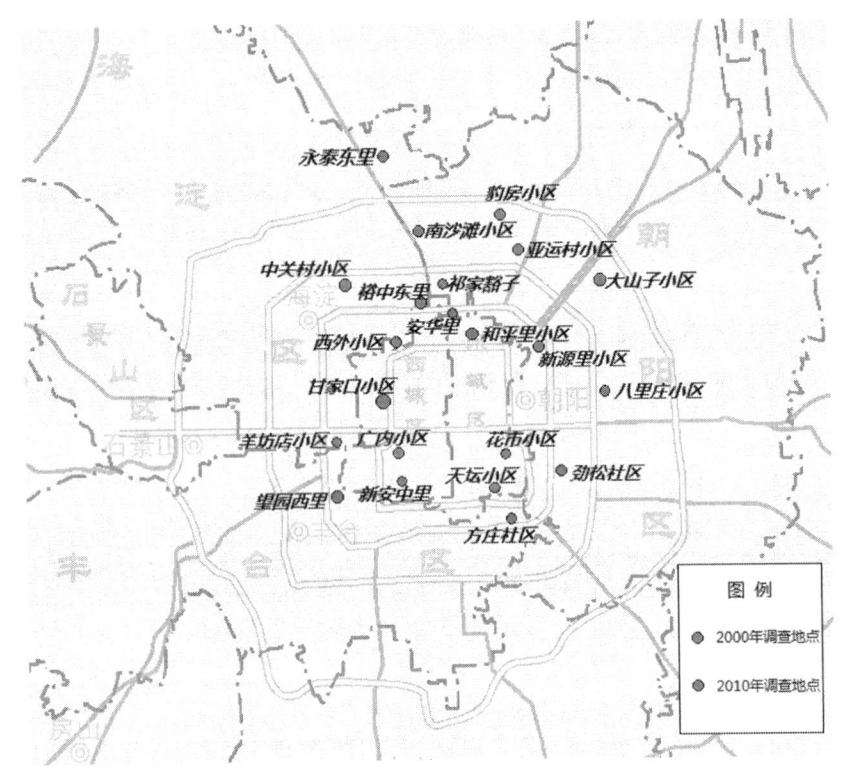

图5-3 社区深度访谈样本地点选取图

（四）样本有效性分析

本研究发放的问卷总数为1000份（其中A卷500份，B卷500份），在调研过程中实际回收到的问卷数为955份（其中A卷463份，B卷492份），其中有效问卷数为941份（其中A卷457份，B卷484份），问卷有效率分别为98.92%和98.37%，由于各个公园的空间规模、人流量和投入的调查人力、停留时间的不同，各个公园的样本量都是不等的，具体各公园的样本数见表5-2。

参与本次调查的调查员都是来自于首都师范大学旅游系和中华女子学院旅游系的大一、大二的本科生，调查员本身具备一定的休闲理论基础,部分人员还曾经有过问卷调查的实践经验。在调研进行之前,都对他们集中进行了简单培训,包括调查目的、访谈技巧、注意事项等内容,有效保证了调研的顺利进行。每次调查都是调查员先在某公园门口集合,由笔者分配好各自的方位并约定集合时间,然后调查员各自到指定的位置单独进行抽样调研。

在问卷填写过程中,由于老年人的视力下降,加上行动不便,超过80%的问卷是由调查员提问、被访者回答,然后由调查员进行填写的形式进行,也有部分问卷是由被访者自己填写完成。所有问卷都是当场填写、当场回收,保证了问卷的真实性和有效性。

表5-2 公园绿地样本数统计

调查地点	调查时间	调查员人数（人）	样本回收数（份）	有效问卷（份）
地坛公园	2010-05-29	10	163	160
青年湖公园	2010-06-05	4	69	69
柳荫公园	2010-06-05	6	101	100
北土城公园	2010-06-06	5	93	92
奥体森林公园	2010-06-13	10	159	154
紫竹院公园	2010-06-27	6	115	112
玉渊潭公园	2010-06-27	6	38	38
天坛公园	2010-07-17	2	55	54
北海公园	2010-07-18	2	51	51
景山公园	2010-07-18	1	23	23
八大处公园	2010-06-19	2	38	38
团结湖公园	2010-07-11	2	50	50
共计	—	—	955	941

二、样本概况

(一)被访者的基本人口属性特征

了解被访者的基本人口属性是研究老年休闲的前提,以下将从被访者的性别、年龄和健康状况这三个方面来进行分析。

1. **性别**

在本次问卷调查的941份有效样本中,老年男性有469人,占样本总数的49.84%,老年女性有472人,占样本总数的50.16%,老年男女性别比例为0.99∶1,男性被访者与女性被访者人数基本持平,在随机抽样中这是非常理想的样本性别结构关系。但是A卷与B卷的样本性别结构略有差异,A卷的男女性别比例为1.09∶1,B卷则为0.79∶1(见表5-3)。

2. **年龄**

在被访者的年龄结构方面,占人数最多的是"60~65岁"以及"71~80岁"之间年龄段的老年人,所占比例各达到24.65%,这说明随着老年人口寿命的增加,北京市老年人的人口素质正在不断提高,70岁以上的老年人逐渐成为当前城市公园老年休闲活动的主要群体。需要注意的是,虽然本研究的调查对象界定为60岁以上的老年群体,但是随机抽样的过程中,如何判断被调查者的年龄完全依靠调查员根据访谈对象的外表和行为举止进行目测,由于调查员的社会经验有限,因此在统计结果中"60岁以下"的中老年人占据了28.69%的比例,但是这部分人群多数处于退休或半退休状态,无论从闲暇时间、生活习惯、休闲消费还是休闲活动偏好等方面都与60岁以上的老年人区别不大,所以这个统计结果对后面的休闲行为特征分析影响并不大。

表5-3 2010年调查样本的人口属性统计

项目	性别 男	性别 女	年龄结构(岁) <60	60~65	66~70	71~80	>80	健康状况 良好	一般	欠佳
A卷	238	219	135	124	86	101	11	267	165	25
比例(%)	52.08	47.92	29.54	27.13	18.82	22.10	2.41	58.42	36.11	5.47
B卷	214	270	129	89	116	150	0	26	405	53
比例(%)	44.21	55.79	26.63	18.48	23.91	30.98	0.00	5.43	83.70	10.87
总计	469	472	270	232	191	232	16	407	468	66
比例(%)	49.84	50.16	28.69	24.65	20.30	24.65	1.70	43.25	49.73	7.01

3. 健康状况的自我评价

问卷设计中将老年人的"健康状况"分为"良好""一般""欠佳"三个等级,需要说明的是,健康状况各等级之间并没有明确的客观标准,而是完全按照被调查者根据个人健康情况进行主观判断来填写,因此这项统计结果存在一定的主观倾向性。由表5-3可见,2010年的调查中有43.25%的老年人健康状况"良好",49.73%的老年人对自身的健康状况评价为"一般",而认为自己健康"欠佳"的老年人仅占7.01%。而在2000年,这三个指标的比例分别是34.01%、49.94%和16.05%(表5-8,说明与10年前相比,参与本次调查的老年人对自身的健康状况普遍评价都较高,对身体健康现状基本满意。

在SPSS13.0中对被调查者的年龄与健康状况数据进行相关分析,可以发现老年人的"年龄"与"健康状况"的皮尔逊(Pearson)相关系数为0.25,Sig.<0.01表示二者显著相关(见表5-4)。同时,由样本"年龄"与"健康状况"的箱形图可以更加直观地解释二者的关系:老年人的年龄越大,对自身的健康状况评价越低,认为自身健康"良好"比例

越小(见图5-4)。

表5-4 样本"年龄"与"健康状况"的相关分析

		年龄	健康状况
年龄	皮尔逊相关系数	1	0.250**
	Sig.(双尾)		0.000
		648.298	81.495
		1.422	0.179
	N	941	941
健康状况	皮尔逊相关系数	0.250**	1
	Sig.(双尾)	0.000	
		81.495	163.851
		0.179	0.359
	N	941	941

**.表示在0.01水平(双尾)显著相关

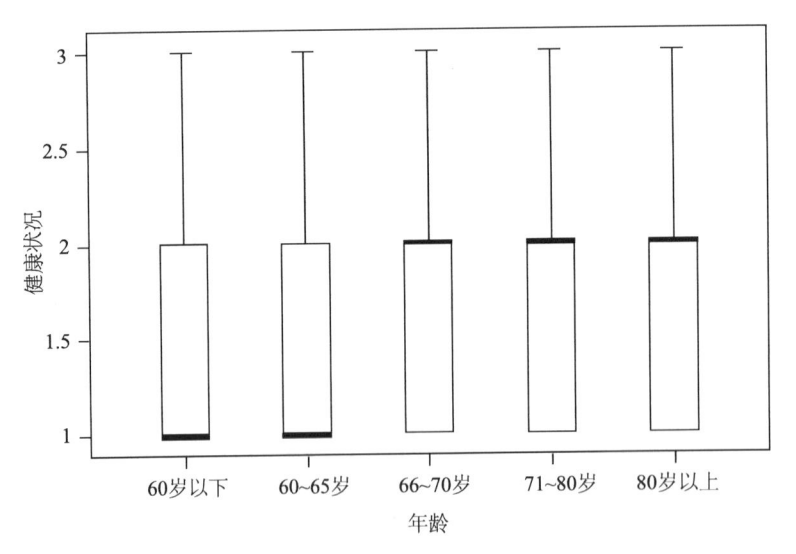

图5-4 样本"年龄"与"健康状况"的箱形图

(二)被访者的社会属性特征

相对于老年人的人口属性特征来说,老年群体的社会属性特征对其休闲行为的影响更加深远,老年人的职业、学历、收入、居住地等因素都对老年人的社会交往、休闲方式、休闲生活满意度等产生较大影响。下面将对2010年的问卷调查结果进行数据统计分析。

1. 职业特征

在我国,国家法定的企业职工退休年龄是男性年满60周岁,女性工人年满50周岁,女性干部年满55周岁。因此,本次调研的被调查者多数已经退休,只有少数老年人还在工作或者退休后从事其他职业。由2010年的统计结果可知,被调查者中的退休人员共有778人,占样本总量的82.68%,在这些退休人员中有92人在退休后仍然从事着其他工作,例如医生、教师等社会地位比较高的职业等。而在尚未退休的163人中,职业范围分布较为广泛,有工人、教师、医生、公务员、工程师、商人、农民等。

2. 文化程度

在被调查者的受教育程度方面,参与本次调研的老年人普遍受教育程度比较高,超过3/4的受访老年人学历在"高中"或"大学及以上"水平,尤其是"大学及以上"学历的被调查者人数比例最多,占总调查人数的35.39%,"小学及以下"学历的老年人仅占9.99%。另外,我们在调查中还发现一个有趣的现象,文化水平或受教育水平越高的老年人越容易接受访谈,对调查员的配合度越好,体现出较强的社会包容性和开放心态。

3. 收入水平

从被调查者的收入水平来看,月收入在"1001~2000"以及"2001~3000"的老年人最多,分别占到样本总数的34.22%和32.41%,其次是月收入在"3000元以上"的老年群体,占20.72%(表5-5)。

同时,在SPSS13.0中对样本的"学历"和"收入水平"进行相关分析发现,老年人的收入水平与受教育水平也呈现正相关的关系:即学历越高,老年人的收入越多,学历越低,老年人的收入越少。如表5-6所示,被访老年人的"文化程度"与"月收入"的皮尔逊(Pearson)相关系数为0.471,Sig.<0.01表示二者显著相关。在"大学及以上"学历的被调查者中,月收入超过2000元的老年人比例达到82.28%,这部分老年群体的收入水平明显高于其他学历等级的同龄人。

表5-5 样本"学历"与"收入水平"统计

学历	收入水平(元/月)					
	<500	501~1000	1001~2000	2001~3000	>3000	总计
小学及以下(人)	22	45	22	4	1	94
初中(人)	16	32	114	24	10	196
高中(人)	1	3	127	130	57	318
大学及以上(人)	0	0	59	147	127	333
总计(人)	39	80	322	305	195	941

表5-6 样本"学历"与"收入水平"的相关分析

		文化程度	月收入(元)
文化程度	皮尔逊相关系数	1	0.471**

续表

		文化程度	月收入(元)
文化程度	Sig.(双尾)		0.000
	平方和与交叉积	447.160	221.562
	协方差	0.981	0.486
	N	941	941
月收入(元)	皮尔逊相关系数	0.471**	1
	Sig.(双尾)	0.000	
	平方和与交叉积	221.562	493.939
	协方差	0.486	1.083
	N	941	941

**.Correlation is significant at the 0.01 level(2-tailed).

4. 居住区位

从被调查者的居住地分布来看，如表5-7所示，朝阳区、东城区、海淀区所占人数比例最多，分别为34.20%、18.01%、12.04%，其他各区的参与调查人数基本平均，远郊区县最少。被调查者居住区位分布不均的主要原因是受到样本采集地点区位的影响，通常老年人的活动半径以居住地为中心，出行时间在0.5小时左右，总体来说，公园的可达性越强、知名度越高、空间规模越大，吸引的老年群体在空间分布上就越广泛，公园休闲辐射面积也越大。

表5-7 2010年样本的居住区位分布

城区	东城区	西城区	宣武区	崇文区	海淀区	朝阳区	石景山区	丰台区	远郊区县
百分比(%)	18.01	8.60	7.53	7.09	12.04	34.20	4.06	5.31	4.13

5. 居住方式

从被调查者的居住方式来看，被调查者中共有720人目前与老伴生活在一起，占总人数的76.51%，在这720人中又有279位与老伴和子女共同生活，其中大多数是年龄在65岁以下的老年人，因为子女未成家或刚成家需要父母的帮助而共同生活在一起，还有一部分老年人因为身体原因而与子女同住，方便子女对自身的照顾。参与本次调查的独居老人只有66位，其中有2人在养老院居住，详见表5-8。

（三）北京市老年休闲抽样调查样本统计比较

在2000年和2010年的老年休闲抽样调查中，样本容量都是以1000为基数，问卷有效回收率都在90%以上。对比前后两次的调查数据可以发现，这两次抽样调查数据的样本在"年龄结构""性别结构""文化程度""工作状态"各类比指标统计中差异并不显著，但是"收入水平"和"健康状况"两项差距非常明显：由表5-8可见，在2010年的样本中，月均收入水平大于1000元的受访老年人比例为87.35%，2000年的调查中仅为33.15%，二者差异非常明显；在2010年的样本中，认为自己健康状况欠佳的受访老年人比例仅有7.01%，而2000年的调查中则占16.05%。也就是说，2010年被调查者的收入水平和健康状况评价明显高于10年前的样本，虽然不能单凭这几个数据就断言2010年北京市老年人的收入与健康状况优于2000年，但是从这些差距中也可以折射出10年来北京市老年人生活水平与身体素质的提高。

第五章 北京市老年休闲行为特征变异——以2000年和2010年为例

表5-8 前后两次抽样调查的样本基本属性比较❶

类比项		2000年样本统计（%）	2010年样本统计（%）
年龄结构	<60	9.99	28.69
	60~65	31.99	24.65
	66~70	41.98	20.30
	>70	16.04	26.35
性别结构	男	44.00	49.84
	女	56.00	50.16
健康状况	良好	34.01	43.25
	一般	49.94	49.73
	欠佳	16.05	7.01
文化程度	小学及以下	9.99	9.99
	初中	18.07	20.83
	高中	16.04	33.79
	大学及以上	55.90	35.39
是否退休	是	72.05	82.68
	否	27.95	17.32
居住方式	配偶	34.01	76.51
	子女	63.99	29.65
	独居	2.00	7.01
	养老院	0.00	0.21
收入水平	<500	19.34	4.15
	500~1000	47.51	8.50
	1001~2000	22.10	34.22
	2001~3000	9.03	32.41
	>3000	2.02	20.72

❶因2010年问卷设计中"居住方式"为多选题，因此各项百分比之和不等于100%。

三、老年休闲行为特征的时空变异分析

(一)闲暇时间特征变异

由第四章第二节的分析中可以得知,老年人的闲暇时间普遍要比年轻人多得多,这已经成为社会的共识。如果按照"整体论"的休闲观进行判断,老年人(尤其是退休后没有从事其他工作的老年人)的生活中几乎都在休闲中度过,显然将这种观点应用于老年休闲行为的实证研究是很难将老年闲暇时间量化的。所以本书在统计休闲时间时,根据老年人的活动空间不同,可以归类为户外休闲时间和室内休闲时间两种。而从第二章的分析中可知,国外很多休闲学者的研究已经证明,户外休闲活动对老年人的生理与心理健康作用更为显著,因此下文着重对老年户外休闲时间特征变异进行统计分析比较。需要说明的是,由于问卷设计的不同,下文中用于比较分析的2010年抽样调查数据来源于A卷,有效样本总数为457份。

1. 休闲时间强度

在老年人户外休闲活动的时间强度方面,2000年老年人每月平均去公园12.8次,日均公园休闲时间为0.64小时;2010年则增加到月均去公园18.24次,日均活动时间2.56小时,平均户外活动时间比2000年增加了近两个小时。在本次调查中,每次户外活动时间在"1~3小时"的被访者有334人,占73.09%,其次是活动时间"小于1小时"的人数占13.35%,活动时间在"3~5小时"和"5小时以上"的被访者分别为8.75%和4.81%。户外休闲时间的增加意味着老年人的家庭休闲时间比10年前有所减少,分析其原因主要在于北京市公园的服务设施、公共休闲设施在近10年都有所改善,尤其是公共卫生间和公园无障碍设施的加强,使得老年人在公园休闲的便利性大大提高,更加符合老年人的休闲需求。

2. 休闲时间分布

在老年人户外休闲活动的时间分布方面,2000年抽样调查中老年人的公园活动时间在上午的人数比例为24.5%、下午2.2%、晚上9.9%,受访老年人的户外活动时间多数集中在上午的时间段。而通过2010年抽样调查结果发现,老年人的公园休闲活动普遍集中在早晨7:00—9:00,以及傍晚18:30—20:30这两个时间段,也就是说,晨晚练仍然是老年人户外活动的主要内容,根据老年人一天中参与户外休闲活动的不同时间段的人数变化,绘制出前后两次调查的老年休闲时间谱,如图5-5。在此需要注意的是,老年人参与休闲活动的最大特点就是规律性,他们在不同季节的户外活动时间强度会有所差别,但是活动频率差别不大。根据季节的不同,老年人的活动时间也会有所调整,由于本次调查在夏季进行,所以老年人早晚参与活动的时间节点会比冬季或其他季节稍微有所延长。

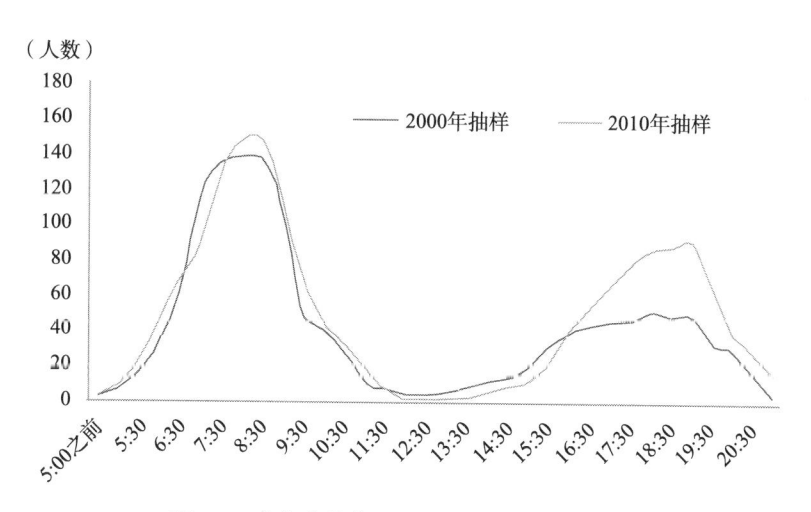

图5-5 老年户外休闲活动时间谱的前后对比

3. 休闲时间的性别差异

老年人的户外休闲活动时间存在性别差异,在2000年的抽样调查中,男性老年人的公园休闲平均时间比女性老年人多1.07小时;而在2010年的抽样调查中,男性老年人的日均公园休闲时间为2.77小时,女性则为2.49小时,二者的差异仅为0.28小时,比10年前减少了半小时。而从2010年老年人户外休闲时间的正态分布图(见图5-6、图5-7)上来看,老年女性与老年男性的休闲时间差异也并不明显,说明10年来北京市老年人户外休闲时间的性别差异正在逐步缩小。中国家庭的传统角色分配是"男主外,女主内",家务劳动和购买生活用品等占据了女性的多数休闲时间,这是造成女性休闲时间少于男性的主要因素,如今中老年妇女正逐渐从家务劳动中得到解放,户外休闲时间在她们日常生活中所占的比例越来越大(见表5-9)。

表5-9 老年户外休闲时间的性别差异(Case Summaries)

性别	统计学数据	每周活动天数(天)	每天外出活动次数(次)	每次活动时间长度(小时)
1-男	均数 Mean	5.24	1.79	2.07
	分组中位数 Grouped Median	6.13	1.74	2.02
	中位数 Median	7.00	2.00	2.00
	均数标准误 Std. Error of Mean	0.14	0.05	0.04
	最小值 Minimum	1	1	0.5
	极差 Range	6.00	3.00	4.50
	最大值 Maximum	7	4	5
	标准差 Std. Deviation	2.16	0.70	0.64
	几何均数 Geometric Mean	4.54	1.65	1.97
	调合均数 Harmonic Mean	3.58	1.52	1.87
	方差 Variance	4.66	0.49	0.41

续表

性别	统计学数据	每周活动天数（天）	每天外出活动次数（次）	每次活动时间长度（小时）
2-女	均数 Mean	5.14	1.67	2.03
	分组中位数 Grouped Median	5.87	1.63	1.98
	中位数 Median	6.00	2.00	2.00
	均数标准误 Std. Error of Mean	0.14	0.04	0.04
	最小值 Minimum	1	1	0.5
	极差 Range	6.00	3.00	4.50
	最大值 Maximum	7	4	5
	标准差 Std. Deviation	2.09	0.65	0.65
	几何均数 Geometric Mean	4.50	1.54	1.93
	调合均数 Harmonic Mean	3.61	1.43	1.83
	方差 Variance	4.38	0.43	0.42

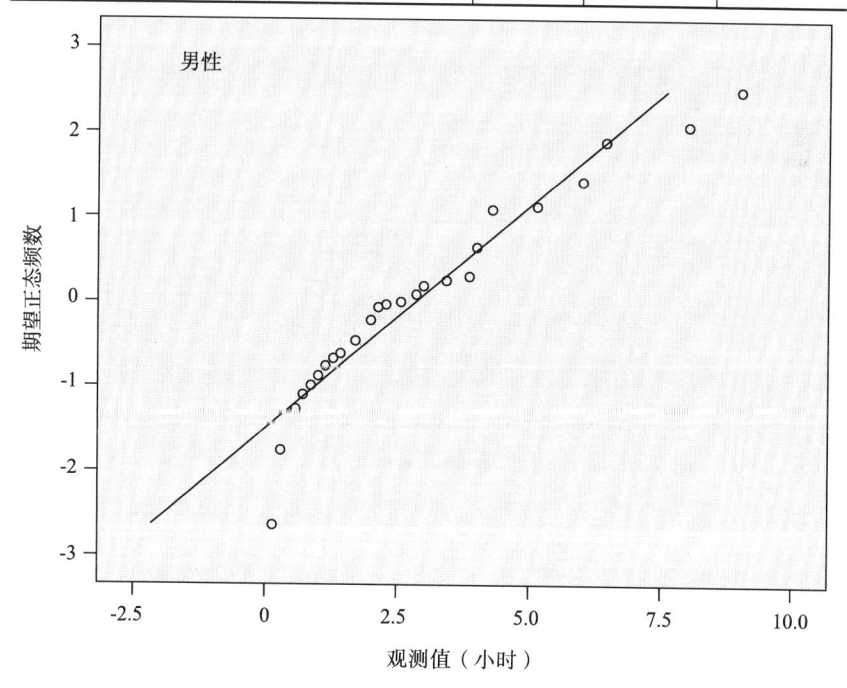

图5-6 老年户外休闲时间的正态分布——男性

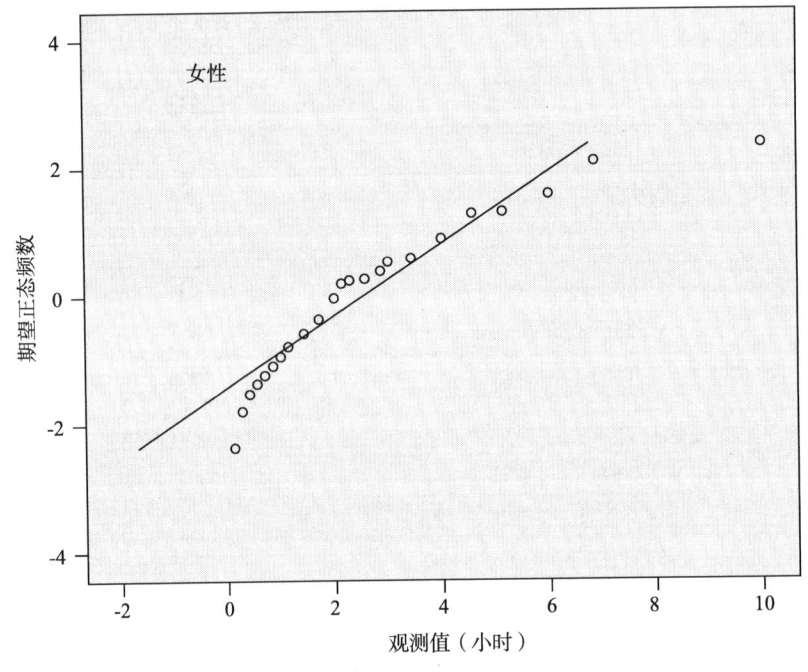

图5-7 老年户外休闲时间的正态分布——女性

(二)休闲活动特征变异

随着北京市休闲经济水平的提高和社会文化的不断进步,北京市老年人的休闲活动内容也逐渐丰富,适合老年人的休闲项目多种多样。从广义上来讲,休闲主体在闲暇时间内从事的活动都可以称为休闲活动。按照老年人参与休闲活动的内容与功能的不同特点,可以将老年人的休闲活动方式划分为七种类型,分别是:A益智类、B怡情类、C康体类、D学习类、E社会交往类、F公益活动类和G日常劳动类,基本每种类型的休闲活动又包含了很多具体的表现形式,具体内容见表5-10,这七种类型的休闲活动基本可以涵盖目前北京市老年人的全部休闲活动方式。

表5-10 老年休闲活动类型细分

休闲活动类型	休闲项目具体内容
A 益智类	扑克、麻将、下棋 看电视 听广播 读书、读报
B 怡情类	旅游、登山、远足 养花 养宠物 书法、绘画、摄影、 收藏 工艺制作
C 康体类	早晚练健身活动(太极、跳舞、唱歌等) 钓鱼 放风筝 美容、足疗 泡温泉
D 学习类	老年大学 各种技能培训
E 社会交往类	亲友聚会、串门 电话聊天 网络聊天 写博客、网络日志
F 公益活动类	社区治安志愿者 环保志愿者
G 日常劳动类	干家务 带孩子 买菜、购物、逛商场

1. 休闲活动参与程度

2000年的调查结果显示,在日常生活中参与益智类休闲活动的老年人数量最多,参与程度达到50%以上,他们的主要休闲方式以阅读书报、看电视和玩麻将为主,在访谈中也发现,尤其是周末与晚上的时间,"看电视"是当时北京市老年人的首位休闲活动,电视依旧是老年人接收社会信息、获取新知识的主要渠道;排在第二位的是日常劳动类休闲活动,这部分活动以采购活动和家务劳动为主。调查显示,老年人家务活动的个体差异较大,老年人家务劳动的平均时间为每天2.82小时,购物活动平均每天0.92小时,近1/4的老年人日均操持家务时间超过4个小时;排在第三位的是康体类休闲活动,参与程度为12.77%,活动方式以慢跑、散步、健身操等活动量不大的运动为主,受到身体健康等因素的制约,喜好或者参与剧烈运动的老年人非常少。

而由2010年的调查结果显示,益智类休闲活动仍然是老年人的首选休闲方式,但是与2000年相比,参与程度下降了18个百分点,康体类休闲项目跃居第二位,参与程度较2000年翻了一倍多,日常活动类则排在第三位,参与程度与10年前相比略有下降。事实表明,老年人参与日常劳动的时间长短对其参与健身娱乐活动有很大影响。例如,许多跟子女同住或者帮子女带孩子的老年人都牺牲了很多自己的闲暇时间来照顾家人,晨练要么早起要么提前结束,家务劳动增多势必影响自身的休闲生活质量。另一个比较明显的变化是学习类休闲活动,参与程度由2000年的0.26%上升到3.28%,10年间北京市各类老年大学的普及、老年人自身对于知识技能的追求是导致这一变化的主要原因。而怡情类、公益类和社交类休闲活动的参与程度并没有比较明显的变化(见图5-8)。

第五章 北京市老年休闲行为特征变异——以2000年和2010年为例

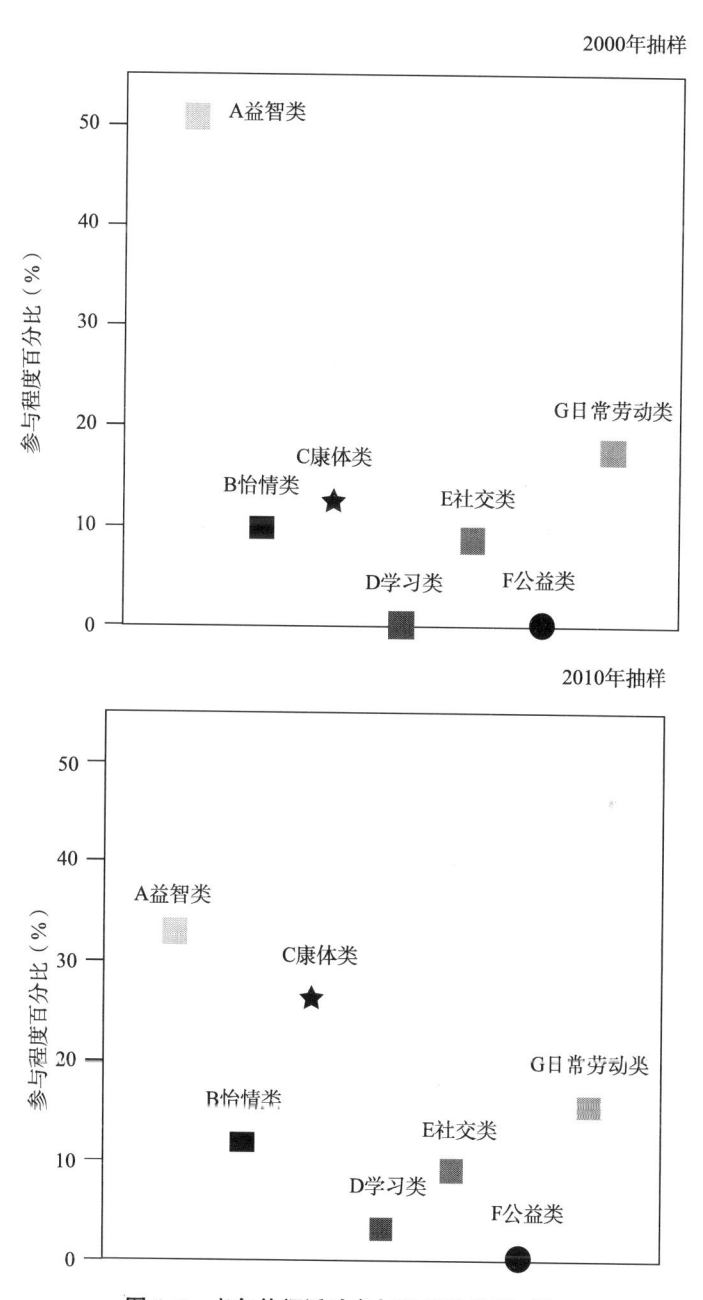

图5-8 老年休闲活动参与程度的前后对比

2. 休闲活动偏好

在访谈中我们发现,很多老年人日常参与的活动与自身的喜好并不一致,因此,在2010年的调查问卷中,增加了休闲活动喜好的选项以便与实际参与活动进行对比。从统计结果来看,无论在喜爱程度还是实际参与程度方面,康体类休闲活动都排在第一位,排在第二位的则是益智类休闲活动,如看电视、听广播、读书读报等(见表5-11),说明在这10年当中老年人的健康观念和养生意识都有所增强,散步、跳舞、唱歌、健身操等适合公园休闲的活动得到众多老年人的喜爱和接受,强身健体已经成为老年人参与休闲活动的最主要动机(见图5-9、见图5-10、见图5-11)。

值得注意的是,由表5-11可以直观地反映出,日常劳动类休闲活动(如"干家务、带孩子")在老年人的喜好程度上排第9位,但是实际生活中老年人参与时间却排在第4位,表明家务劳动仍然占据着老年人的大部分闲暇时间。

表5-11 老年休闲活动偏好排序

休闲活动类型	喜好程度百分比(%)	喜好程度排序	参与程度百分比(%)	参与程度排序
健身类活动	22.37	1	25.76	1
看电视、听广播	17.76	2	15.65	2
读书、读报	15.10	3	12.76	3
朋友聚会聊天	8.75	4	9.12	5

第五章 北京市老年休闲行为特征变异——以2000年和2010年为例

续表

休闲活动类型	喜好程度百分比(%)	喜好程度排序	参与程度百分比(%)	参与程度排序
旅游、登山、远足	8.24	5	6.16	6
棋牌类	7.91	6	4.52	8
养宠物、养花	5.87	7	3.90	9
逛商场超市	3.83	8	4.92	7
干家务、带孩子	3.57	9	10.72	4
书法、绘画、工艺制作等	2.26	10	1.64	11
上网	2.26	11	3.28	10
收藏	1.39	12	0.11	14
其他日常活动	0.40	13	0.95	12
公益活动	0.29	14	0.51	13

图5-9 康体类老年休闲活动：太极拳、太极扇

图5-10　怡情类老年休闲活动：书法、摄影

图5-11　益智类老年休闲活动：读报、下棋

十年来，北京市老年人的学习求知欲也有较大提升，2010年在北京市各主要社区公园市民健身晨读点中（见表5-12），老年人已经成为晨读活动的主力军。另一个显著变化就是互联网在老年休闲活动中的应用。2000年被访者中经常参与"上网"活动的老年人仅有0.84%，十年后该项目的参与人数上升到3.28%，网络聊天、炒股、网络游戏是老年人上网的主要休闲娱乐方式。2010年老年人公益活动的参与比例虽然较低，但是较十年前相比也有所提升，尤其近几年北京市精神文明建设成效显著，老年群体已经成为北京市公益活动及志

愿活动的重要组成部分,在社区管理与治安、环保宣传、公共设施维持等方面发挥着显著作用。据北京市志愿者联合会统计,在2008年奥运会和残奥会期间,北京市奥运志愿者中5.38%来自老年群体[1]。作为社会的弱势群体之一,老年人是城市公益事业的受益者,同时在健康状况允许的情况下他们也是城市志愿者的主要成员。

表5-12 2010年北京社区公园市民健身晨读地点汇总

公园名称	晨读地点	晨读时间	公园名称	晨读地点	晨读时间
玉渊潭公园	西门西湖南岸	周日8:30	团结湖公园	东门内	周日8:30
双榆树公园	街心花园进东门往南藤萝架下	周三、周日9:00	北海公园	东门内桥西南侧藤萝架下	周六7:30
颐和园公园	北宫门清可轩对面	周三8:30	天坛公园	东门内七星石南	周四9:00
紫竹院公园	西南门澄鲜舫茶社走廊	周六8:30	天坛公园	西门内双环亭	周日9:00
北土城公园	塔园小区南门对面	周六上午	北苑	万科小区街心花园	周日8:00
北土城公园	地铁十号线安贞门南侧	周六8:00	陶然亭公园	湖东南岸翠瑞庭	周三8:30
北土城公园	中日医院北门附近	周日早上	天通苑	塔楼车站花园内	周五上午

---

[1] 数据来源于北京市志愿者联合会网站:"志愿北京"http://www.bv2008.cn/zykx/index.shtml.

续表

公园名称	晨读地点	晨读时间	公园名称	晨读地点	晨读时间
香山公园	平台	周日9:00	青年湖公园	南门内	周四9:00

资料来源:根据2010年调研中被访老年人提供的资料整理而成。

(三)休闲空间特征变异

1. 休闲公园选择

十年来,北京市区老年人在公园绿地的选择上变化不大,基本集中在地坛、北海、景山、紫竹院、北土城等公园,2010年调查中被访者经常去的公园增加了奥林匹克森林公园。被访老年人普遍表示,在社区绿地和开放式公园绿地之间他们更倾向于到公园绿地进行休闲活动,在选择休闲场所时,"交通便利"和"环境优美"是老年人首要考虑的因素,其次,"可以免费入园""老年朋友多"也是吸引老年人去公园休闲的重要原因,而"休闲项目"和"休闲设施"对老年人休闲公园的选择影响力较小(见表5-13)。由此可见,交通、环境、消费水平和社会交往是影响老年人公园选择的主因,休闲公园不仅是老年人强身健体的场所,还为满足老年人心理需求提供了社会交往空间。

表5-13 老年户外休闲公园选择的影响因素(多选)

影响因素	离家近交通便利	环境优美	可以免费入园	老年朋友多	休闲活动丰富	休闲设施多	其他
比例	78.77%	64.99%	29.10%	20.57%	11.38%	7.88%	1.97%

2. 休闲交通方式

在交通方式的选择上,老年人到公园绿地进行休闲活动多采用步行方式,十年来变化并不大,2000年选择"步行"的样本数占65.7%,

2010年为62.6%,这与老年人普遍选择离家近的公园有关。前后两次调查中比较突出的变化是"公共交通工具"的应用,2000年只有17%的老年人选择公共交通前往公园参与休闲活动,2010年增加到了31.5%,老年人通常都会选择公交或地铁前往知名度较高或者位置离家较远的公园,如奥体森林公园、颐和园等。自驾车的休闲交通方式在老年人中逐渐兴起,如在奥体森林公园的抽样调查中32%的老年人经常周末与子女自驾车到该公园休闲。

3. 单程时间

单程时间是可以反映出各公园绿地的可达性和辐射半径的有效指标。在本次调查中,无论选择"步行"还是"公共交通"方式,大部分老人去公园休闲的单程时间都在0.5小时之内,乘坐地铁或自驾车方式的公园单程时间相对较长,2000年老年休闲单程时间均值为0.62小时,2010年均值为0.74小时,较十年前略有增加,参与本次调查的公园平均单程时间的变化见图5-12❶。

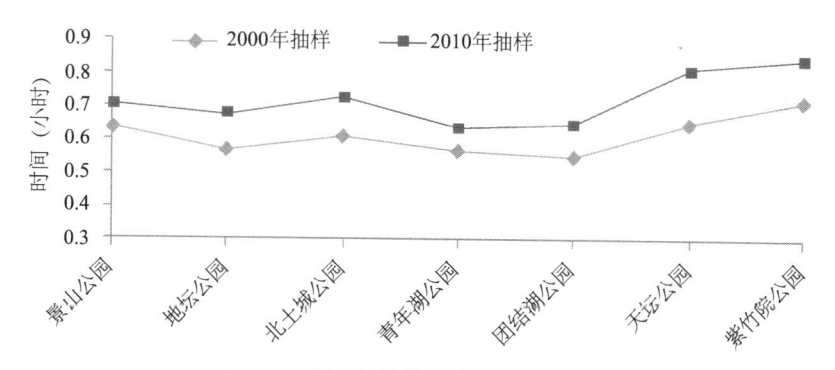

图5-12 公园平均单程时间的变化示意图

---

❶ 由于2000年与2010年的样本选取地点有差异,因此图5-13只列出两次调查都选取的公园作对比。

4. 公园辐射半径

由前面的分析可知,2010年老年人到公园进行户外休闲活动的单程时间较十年前略有增加,但是在空间范围上是基本重合的,根据2010年抽样调查中被访老年人到各公园单程时间的不同,可以大致判断出各公园绿地的辐射半径。

按照各公园的地理区位、空间规模、知名程度、文化底蕴等方面的不同特征,可以总结出,老年休闲辐射半径较大的公园绿地大致可以分为两种类型。

第一种是公园知名度高,但空间距离与市中心较远的公园。例如奥林匹克公园和奥林匹克森林公园(见图5-13),由于公园空间广阔、容量较大,且主题鲜明、知名度高,因此很多远郊区的老年人也会选择到此进行休闲活动,在调查中及遇到来自昌平区、通州区、房山区的老年人。再比如八大处公园(见图5-14)是北京近郊赏红叶的最佳场所之一,而且公园历史悠久、文脉底蕴丰厚,也是北京市AAAA级旅游景区,因此该公园的休闲功能有别于其他城区公园,所以八大处公园虽然地处郊区西五环外,但是仍有很多市区的老年人经常前往该公园进行登山健身或宗教活动。

(1)

第五章 北京市老年休闲行为特征变异——以2000年和2010年为例

(2)

图5-13 奥林匹克森林公园和八大处公园

第二种是公园空间位置较特殊,公园周边绿地密度较低,市民的可选择性较小。例如紫竹院公园(见图5-14),环境优美又免费对外开放,但是紫竹院所处的西三环地区居住人口密集周边,免费开放的公园只有这一家,因此紫竹院公园对周边的老年居民以及居住在西三环或北三环甚至更远住处的老年人都有很大吸引力。

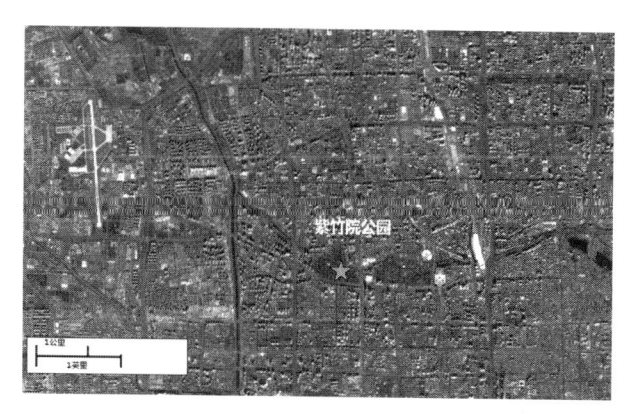

图5-14 紫竹院公园及周边区位图

121

（四）休闲消费特征变异

1. 休闲消费水平

在休闲消费水平方面，如图5-15所示，2000年每月休闲消费水平在50元以下的老年人占62.32%，这部分老年群体的日常休闲消费除了公园门票之外基本都是零消费，100元以上的人数仅占12.57%，老年人的休闲消费水平较低，休闲消费结构比较单一，这与当年老年人的月收入水平不高有直接关系。2010年的调查显示，42.89%的老年人每月平均休闲消费金额在50以内，很多人表示他们参与公园户外休闲活动是几乎不用花钱的，这主要是因为2006年以来北京市主要的休闲公园采取免费开放措施，门票消费一项取消后，老年人到公园绿地休闲几乎没有其他消费项目。每月休闲消费水平在100元以上的老年人占26.92%（见图5-16），比十年前增加一倍多。

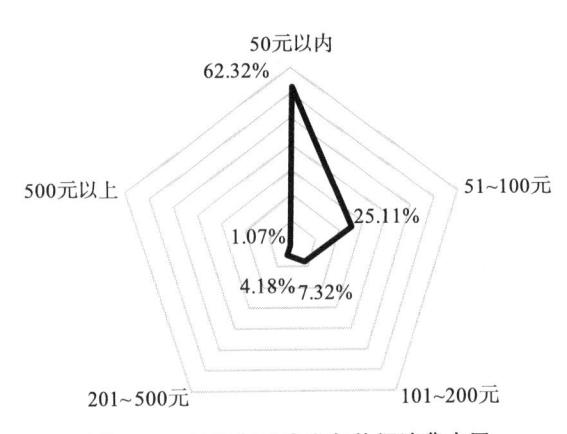

图5-15 2000年北京老年休闲消费水平

第五章　北京市老年休闲行为特征变异——以2000年和2010年为例

图5-16　2010年北京老年休闲消费水平

2. 休闲消费结构

老年休闲消费水平的提升也影响到老年休闲消费结构的差异，2000年北京老年群体的日常休闲消费除了公园门票之外基本都是零消费，老年人的休闲消费结构较单一；2010年的老年休闲消费水平较十年前有很大提升，相应的老年休闲消费结构也比以前更加丰富，趋向于多元化发展。

根据2010年的调查数据统计，"公园门票和健身卡等费用"以及"交通费"是目前北京市老年人休闲的主要消费项目，分别占28.7%和26.0%。在本书第四章第一节曾经提到，北京市的公园对于65周岁以上拥有老年优待证的老年人全部免票入园，但是60~65岁的老年人却享受不到这项优惠政策，仍然需要购买公园门票或者月票、年票。出于同样的原因，60~65岁年龄段的老年人乘坐公共交通出行也需要支付公交车票等费用。虽然有的公园已经实行免费开放，但是大多数北京市区的公园仍然需要购买门票，如玉渊潭、地坛等。在访谈中了解到大多数老年人认为这些费用在他们的日常生活中仅占很小比例，并没有对自身的日常生活造成任何经济压力，相反他们从休闲活动中获得的乐趣却很大，所以并不介意这部分支出。

由图5-17所示,在老年休闲消费结构中,"学习""旅游"和"购买休闲装备"的费用也占据较大支出比例,分别是17.3%、16.6%和11.4%。据统计,截止到2011年年底,北京市的老年大学有68家(详见附表2),开设课程以书法、绘画、摄影、音乐、英语等为主,多数老年大学每门课每学期的学费在80~100元之间,对当前北京市老年人的平均收入水平来说都能够承受,所以受到很多老年人的喜爱。

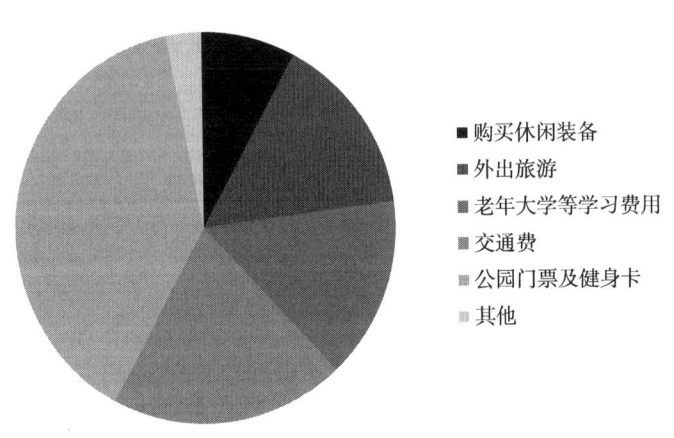

图5-17　2010年北京市老年休闲消费结构

老年休闲消费水平与消费结构改变的主要原因有两点:一是老年休闲消费理念的变化;二是老年人收入水平的提高。由图5-18可知,除月收入在500元以下的老年人消费水平较低外,月收入在500元以上各收入层的老年人用于休闲消费的均值差距并不明显,这说明休闲消费观念的改变是导致近十年北京市老年休闲消费变化的根本原因。

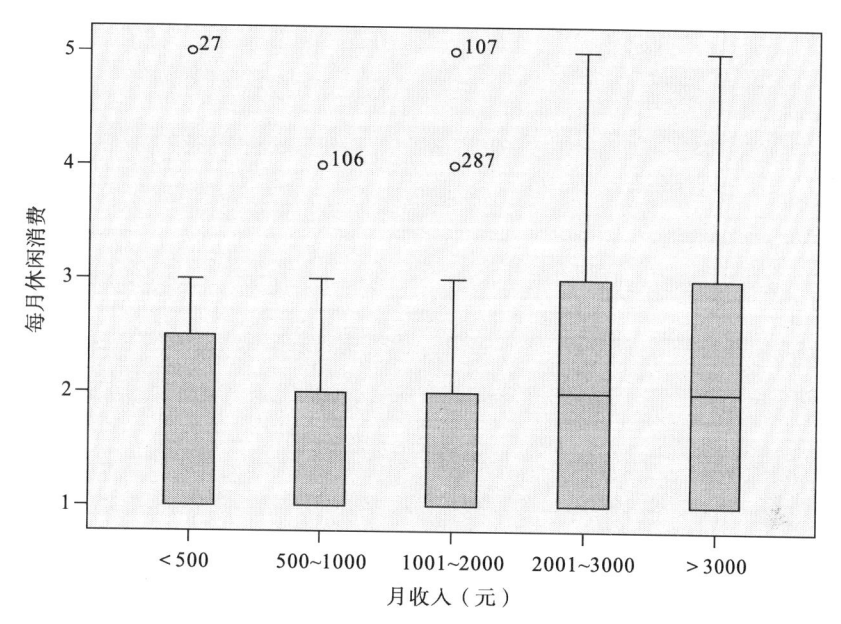

图5-18 老年人月收入与休闲消费关系的箱型图

注:纵轴数字分别表示:"1"——"50元以内""2"——"51~100元""3"——"101~200元""4"——"201~500元""5"——"500元以上"。

(五)老年旅游特征变异

作为休闲产业的重要组成部分,旅游业已经确立了在我国国民经济中的战略地位。从短期看,旅游业是拉动内需、应对金融危机的重要举措。从中长期看,旅游业是我国国民消费结构升级的重要方向、促进就业的重要领域、经济结构调整的重要途径。为促进旅游、刺激消费,自2009年以来,广东、浙江、江苏以及山东等省陆续推出"国民休闲计划",休闲旅游已经成为当前国民休闲生活中不可缺少的重要内容。"国民休闲计划"中的重要内容之一就是大力鼓励离退休人员的"银发旅游",由上一节的内容可知,旅游消费在老年人的休闲消费结构中已经占据较大比例,因此在本次老年休闲调查研究中专门对北京老年旅游特征与市场需求进行了统计分析,具体结果如下。

1. 旅游频率

在2000年的调查中,受到年龄和经济状况所限,老年人很少外出旅游。半年以内旅游一次的老年人仅有2.8%,"1年一次的"占36.1%。2010年老年人的旅游频率显著增加,老年人平均每月旅游一次有12.5%,"一季度一次"的占14.44%,"一年一次"的人数最多占34.14%,7.88%的老年人两年或更长时间出游一次,而31.29%的被访者几乎很少出游。可见,目前"一年一次"是老年人的平均出游频率,在很少出游的老年人中平均年龄达到70岁以上,年龄太大或者身体健康的原因是他们不能外出旅游的主要原因。

2. 旅游目的地选择

在对旅游目的地的选择上,2000年,老年人在北京郊区和外省市的选择比例基本相近,而选择区国外旅游的人数仅占1%,近郊游、国内游是老年旅游的主要方式。2010年,郊区游和国内游仍然是"银发旅游"市场的主流,分别占46.83%和41.14%,"郊区游"由于时间短、交通便利等因素成为老年人与家人周末及节假日出游的首选目的地。国际游的比例稍有增加,达到5.03%。随着近几年国际交流的增多以及我国对外开放程度的加深,老年人出国旅游的机会也远远大于十年前。

3. 旅游形式

在出游形式上,前后两次调查都显示出,"与家人一起出行"一直是老年人最喜爱的出游方式,2000年占53.7%,2010年占55.8%,前后变化基本不大。其次是参加"单位组织"形式的旅游活动。但是2000年"独自一人"出游的老年人很少,而2010年的调查显示有10.28%的老年人会选择单独外出旅游,从中反映出当前老年人的休闲心态更加年轻化,更喜欢富有挑战和冒险的休闲体验。

4．旅游目的

在出游动机方面,前后十年的老年人的旅游目的差异并不大。2000年老年人选择旅游目的地最看重的因素,排在前三位的分别是:景点观赏性、出游气候、距离远近和交通便利度。2010年则变为:景点知名度与观赏价值、距离远近和交通便利度、出游季节与天气。出游便利度依旧是老年人外出的首要考虑因素,在2010年的调查中还显示,"旅游地的安全与服务"也成为老年人的考虑因素之一,也有部分被访者填写了"适合自己""去没有去过的地方"等,说明随着外出旅游经验的增加,老年人的旅游动机更加趋于向理性化、个性化和多元化的方向发展。

四、小结

自2000年以来,伴随北京市老年休闲空间的优化利用和休闲设施的改善,北京市区老年人的休闲生活质量与十年前相比有了明显提高,户外休闲行为的新特征主要表现在以下几方面。

第一,老年闲暇时间增多,每天上午、傍晚是老年人休闲活动的集中休闲时间,男性与女性的休闲时间差异正在逐渐缩小,越来越多的女性老年人从家务劳动中解脱参与到户外休闲活动中。

第二,老年休闲活动偏好更加广泛,老年人对益智类和康体类休闲的喜好度与参与度皆高于其他休闲方式,说明目前北京市区老年人对追求健康强健的身体素质的渴望非常强烈。信息化社会的到来为老年人带来了新型的休闲生活方式,"网络休闲"成为老年人的新宠。

第三,市区公园绿地一直是老年户外休闲的主要场所,北京市区老人对各大公园的偏好度十年间变化不大,离家近、环境优美是影响老年人选择户外休闲场所的首要因素。公共交通和自驾车的普及大大提高了老年休闲空间的辐射半径,使得市区老年人前往郊区公园休闲更加省时便利,但步行仍旧是当前北京市大部分老年人外出休闲的主要交通方式。

第四,十年来北京市区老年人的休闲消费水平有显著提升,高消费的休闲方式逐渐进入老年人的日常生活,同时,老年休闲消费结构由单一化向多元化转变,老年人用于学习、旅游和购买休闲装备的费用增加明显,经分析,休闲消费理念的改变是导致老年休闲消费特征变异的根本原因。

第五,老年休闲旅游频率有所增加,"郊区游""与家人同行"一直是老年人喜爱的旅游方式,出国游机会增多,老年人的旅游安全问题得到重视,出游目的更趋理性化、个性化和多元化。

2000—2010年这十年间北京的城市建设日新月异,调查中的最大感受是老年人对自身目前的生活满意度较高,认为十年来北京城市交通设施、公园休闲设施和环卫设施的改善为他们的晚年休闲生活提供了保障,但是随着老年人休闲需求的多样化,对城市老年休闲的建设与管理也提出了很多问题,具体问题与对策将在后文第七章详细阐述。

第六章 城市老年休闲生活满意度及其评估指标体系构建

一、关于休闲生活满意度的理论探讨

休闲是一种多维度的结构,它由休闲主体的内在力量所推动。休闲对老年人的晚年生活具有积极的作用,在休闲过程中,老年人可以体验自身能力、放松身心以及消除内在的紧张情绪。"休闲生活满意度"是一个主观性较强的词语,如果想从学术角度上给予客观的、可测量的精确界定是非常困难的。目前,国内学术界并没有一个被广泛接受的"休闲生活满意度"的概念定义,与休闲满意度相关的研究非常稀缺,因此本节重点对国外的相关研究成果进行综述和总结。

国外的研究者一般认为,休闲生活满意度是个体针对自身舒适、幸福程度或生活质量的一种感觉(Shichman and Cooper,1984)。幸福感、精神状态、心理舒适度、生活变化等都是我们体验整体休闲生活质量的指标,"幸福通常被认为是对生活所持的积极正面的态度和感受"(Russel,1996,p.38)。多数国外学者的研究视角都集中于幸福、满意程度、精神状态、生活满意度、舒适度和生活质量等方面,这些研究既包括了理性因素同时也包含感性因素(Diener,1984)。Wilson

(1967, p.294)在论述有关生活满意度的研究时认为:"幸福的人总是精力充沛、生机勃勃、健康、受过良好教育、收入高、外向、乐观、无忧无虑、有宗教信仰、自尊、已婚、工作状态良好、有抱负(不论性别)、知识面广"。Myers(2000)也认为,幸福的人从不以自我为中心,很少怀有敌意和待人刻薄,同时身体健康、有较强的抵御疾病的能力,这些人更有爱心、更宽容、更信任别人、更精力充沛、更有决断力和创造性、更友善和乐于助人。Myers对1887年以来《心理学文摘》(Psychological Abstract)发表的文章进行词语电子检索,发现其中有关"愤怒"的8072篇,有关"焦虑"的57800篇,有关"失落"的70856篇,而只有851篇提到了"喜悦",2958篇关于"幸福",5071篇与"生活满意度"有关。

通过定量调查方法可以客观度量被研究者的福利水平、精神状态和身体健康状况等指标,同时通过定性调查方法能够从主观角度来评估影响被研究者休闲生活满意度诸因素的质量。美国心理学家Csikszentmihalyi(1990)专门研究与休闲生活体验相关的生活满意度问题,他以提出"畅"(英文"Flow")的概念而闻名。他给出有助于产生"畅"的休闲体验的七种因素:需要技巧和挑战性的活动、身心完全投入、明确的目标与反馈、聚精会神地完成正在进行的活动、个体自我控制、忘我之境、时间感的变化,在最佳的休闲活动体验中都能实现这七种因素,同时,这些因素也会促使人们更多地参与到休闲活动中,它们之间存在相互促进的作用关系。

通过以上的概念分析,我们可以认为老年人参与休闲活动的行为,通常是老年人源于内在需求(或者休闲动机)并自愿选择参与的,它能够为老年人的休闲生活提供更多愉悦机会,从而进一步增加老年人休闲生活的满意度水平。休闲生活满意度是一个相对的概念,它是老年人休闲期望值与最终获得值之间的匹配程度。在休闲活动中,休闲动机是促使老年人参与某种休闲活动或事物的内在驱动力,正是因为产生了休闲动机或休闲需求,才导致老年人产生某种休闲行为,从而达成一定的目标或休闲生活满意度,而老年人完成休闲目标的满意度反过来又对休闲动机进行反馈,产生新的休闲需求,这是一个循环往复的过程。

(一)休闲对于老年生活方式的影响

老年人的生活方式能够在很大程度上影响其休闲生活满意度和舒适度,最佳的生活方式应该能够使老年人在物质、精神、情绪、智力和社会交往等方面达到很好的平衡。反之,休闲也在影响着老年人的生活方式,但休闲是一个多因素的合集,其中有些对老年生活满意度和舒适度作用很大,而有些则可能起到抵消或者减损作用。

Ellis等(Ellis, Edginton, and Howard, 1985)提出了生活方式形成模型,以解释休闲体验与生活方式的形成之间的关联(图6-1)。这个模型中包含人们可能会自觉参与的一些休闲活动,其中有些对于生活满意度的提高有贡献,而另一些则有负面影响。由图中可以看出,几乎所有的休闲体验对个体的幸福安康都有很大的影响力——无论正面还是负面的影响。同时,大多数体验直接与休闲服务机构的工作有关。其中,休闲活动或是个体自己进行,或是个体与休闲服务机构、中介或公司一直进行。

情绪被认为是构成休闲满意体验的重要因素,情绪与老年人的休闲生活满意度具有内在联系。Hull(1990)提出了一个决定情绪的三维模式,如图6-2所示,其中两个最重要的维度是愉快和激励,第三个维度是主导情绪,它与人们在参与休闲活动时的感受(如愤怒、恐惧等)有关。显然,人们的休闲生活质量通常以主观尺度来评价、靠直觉来感受,因此,老年人对自身生活质量的判断大都是建立在无形和个性化的因素基础上。

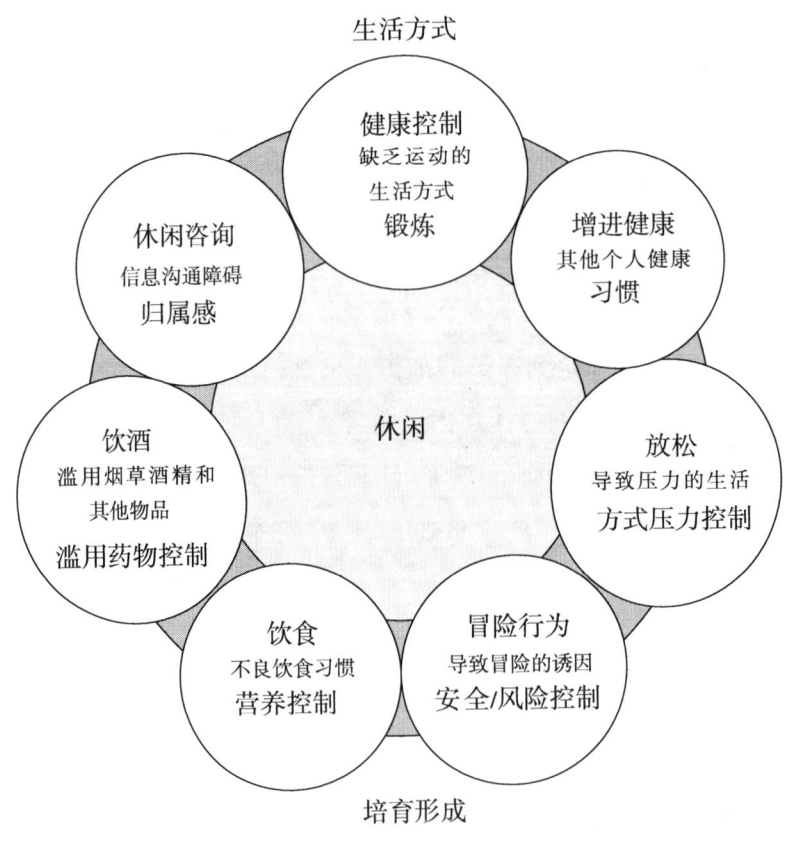

生活方式

- 健康控制 缺乏运动的生活方式 锻炼
- 增进健康 其他个人健康习惯
- 放松 导致压力的生活方式压力控制
- 冒险行为 导致冒险的诱因 安全/风险控制
- 饮食 不良饮食习惯 营养控制
- 饮酒 滥用烟草酒精和其他物品 滥用药物控制
- 休闲咨询 信息沟通障碍 归属感

休闲

培育形成

图 6-1　生活方式的培育形成

资料来源:Ellis,et al.,1985。

　　休闲作为老年人生活中的一种重要力量,可以给人们带来积极或消极的结果。休闲与家庭、工作、宗教以及其他的社会联系一样,是塑造人们生活的另一重要变量。休闲专业人员应该从统一有机体的角度认识每一个人,以全面和整体的方式来对待每一个人。例如,香港休闲服务人员以整体论方式为年轻人提供休闲服务。香港娱乐中心不仅提供休闲活动项目,而且提供学习相关知识的机会,以及替服务对象安排休闲时间以外的活动,另外还提供个人咨询服务。受此启发,可以认为,休闲在广泛影响着老年人日常生活中的大部分行为,而不仅仅只是影响他们在自由支配时间里的体验行为。正如图6-1所示,图中涉及的各种模式几乎都有自由选择和自愿参加的特点,这也是所有休闲体验的共同点。

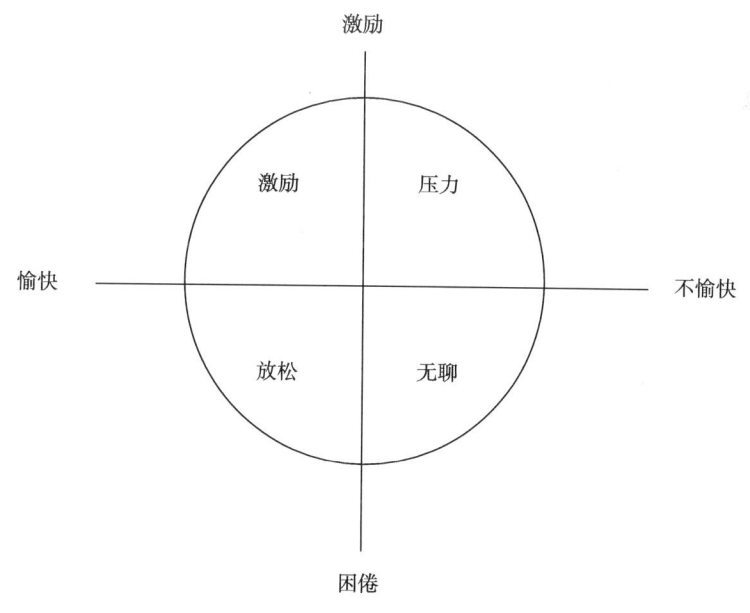

图 6-2　影响情绪的模式

资料来源:Hull,1990。

(二)休闲服务机构与休闲生活质量的关系

任何一个机构的存在都是为了满足其服务对象的需求,休闲服务机构在老年人的休闲生活中扮演着重要角色,是满足老年休闲需求必不可少的条件,与老年休闲生活满意度有着密切联系。

休闲服务机构的种类有很多,有商业机构、政府机构和非营利机构等,不同机构的工作侧重点也有所区别。老年人可以通过休闲体验来提升生活满意度,在这方面休闲服务机构作为老年休闲的中介体发挥着多种功能,这些功能主要有以下几个方面。

(1)提供休闲设施和享受休闲乐趣的空间。休闲服务机构的主要功能就是建设和管理休闲活动设施,如市民公园、郊野公园、老年娱乐休闲中心、体育场、电影院、剧院、游泳馆等等。自由开放的空间对于老年休闲体验尤为重要,公园以及其他休闲场所和户外环境不仅为老年人提供了亲近自然的机会,而且对老年人提升心理状态、构建休闲意识、建立良好的社会关系等方面都具有促进作用。

(2)培养老年休闲意识。休闲服务机构能够培养老年人的休闲意识,这种意识的培养构建可以促使老年人发现更多的外部资源,这有利于老年人充分发掘自身的潜能,更加了解自身的价值取向和休闲需求。大多数的休闲服务机构特别是那些非营利机构的主要目的是塑造参与者的思想和个性。在休闲机构所提供的休闲项目活动中,老年人能够在运动技能、生活情趣、社会认同以及社会交往等方面得到提升和满足。

(3)提高老年人的社会互动能力。大多数老年休闲活动都是在社会公共场所进行的,所以常常需要老年人在休闲中组成小组或者群体展开互动交流才能完成,这类休闲活动使老年人有机会学习并实践社交能力,同时它还为老年人提供了相互交往的机会。休闲活动的这一特点使它成为老年社会生活的重要组成部分,在休闲活动参与中,老年人内心渴望与他人交往和接触的需求得到了满足。

(4)继承社会传统文化。休闲服务机构在传承社会文化方面起着重要的作用,休闲活动还能巩固社会习俗及社会礼仪,例如放风筝、抖空竹等具有我国传统文化特色的健身活动,老年人参与这种类型的休闲活动时往往源于强身健体的本意,但是却在无形中传承和发扬了中国传统文化。

(5)提高老年人的文化素养和其他技能。休闲服务机构在帮助老年人获取休闲知识技能方面发挥着重要作用,这是许多休闲机构的主要服务项目。例如,老年大学中开展的摄影课、舞蹈课、书画课等,都是深受老年人喜爱的休闲指导项目。

(6)增加心理舒适度,增进生活情趣。休闲服务机构的从业人员部分充当着休闲指导者的工作,他们通过传授技艺、激励等方式在休闲活动中帮助老年人找到自信和塑造自我,有利于老年人的心理健康。同时,休闲服务机构还给老年人创造了拉近彼此距离、共享快乐时会光的机会,老年人通过参与健身活动、社会公益活动、旅游活动等使身心得到放松和休整。

Edgington(2000)提出了一个研究框架用以说明休闲服务机构工作的重要性,他将老年人的休闲需求分为保障因素(hygiene)和推动因素(motivator)。保障因素是与个体的平安(Security)、安全(Safe)和身份地位相联系的周围环境因素,对参与休闲的个体没有推动作用,但是如果与保障因素相关的条件缺乏时,个体会变得不满意。而推动因素则是直接影响生活满意度的因素。这个理论框架可以被广泛应用于商业机构、政府机构及非营利机构所提供的休闲服务中,尤其用于解释政府机构提供的休闲服务更为适用。如图6-3所示,Edgington认为由政府提供的市民休闲公园、文化景点、博物馆、节庆活动等因素对于老年休闲更有意义,提供给老年人更多的幸福感,从而提升其休闲生活满意度。

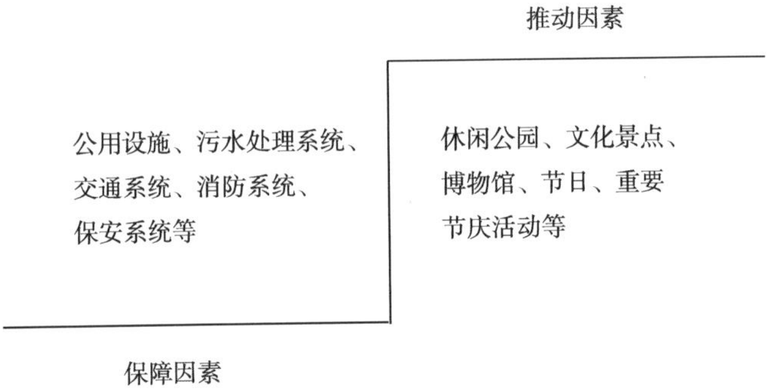

推动因素

公用设施、污水处理系统、　休闲公园、文化景点、
交通系统、消防系统、　　　博物馆、节日、重要
保安系统等　　　　　　　　节庆活动等

保障因素

图6-3　休闲服务机构的作用因素

资料来源：Edginton，2000。

（三）影响休闲生活的推动力与制约因素

由于休闲需求的差异，个体参与休闲活动的动机也各不相同，Schreyer（1986）在研究人们参与户外娱乐活动的动机时指出，人们之所以参与休闲是因为它能够使人愉悦和休闲所固有的内在价值。Driver和Brown（1986）总结出推动个体参与休闲活动的多种因素，他们将个体的休闲动机分成17个大类，由表6-1可见，这些因素大多偏重于引导个体进行户外休闲活动，但是这些研究结论也同样适用于室内休闲活动。

回顾国外休闲满意度研究领域的相关文献和研究成果，可以肯定的是，影响个体参与某一种休闲活动的愿望和动机是很多综合的而非独立的因素。Allen（1990）研究了休闲活动对人们社会生活满意度的贡献，提出休闲活动和社会生活满意度的关联并不明确，需要加强这方面的理论和方法论的研究探讨才能准确把握二者之间的联系。Rolston（1986）研究了人们亲近自然环境的行为动机，认为相较于室内休闲活动而言，户外休闲活动能提供更多的休闲体验和满足感。这个观点对于我们研究影响老年休闲活动的推动因素和休闲动机很有启发，可以认为，老年人参与休闲活动的愿望和动机不仅源于自己身体健康的需要，甚至社会交往的需要，同时还源于更深层面的精神需求,这些都有待于后文的进一步分析。

表6-1 推动个体参与休闲活动的因素

1. 欣赏大自然	B. 自主
A. 自然景色	C. 掌握控制权
B. 体验大自然	8. 享受家庭亲情
C. 为开发的自然景观	9. 内省
2. 身体健康	A. 精神方面
3. 减轻压力	B. 个人价值方面
A. 释放压力	10. 与考虑周全的人在一起
B. 松弛精神	11. 成就感
C. 逃避角色重负	A. 增强自信/自我评价
D. 逃避日常事物	B. 社会认同
4. 逃避噪音和人群	C. 发展技巧
A. 安静/独居	D. 比试竞争力
B. 隐居	E. 寻求刺激/兴奋
C. 逃避人群	F. 自我依靠
D. 逃避噪音	12. 消除身体疲劳
E. 与世隔绝	13. 教授/领导他人
5. 学习户外知识	A. 教授/分享技能
A. 一般的学习	B. 领导他人
B. 探险	14. 冒险
C. 学习地理知识	15. 寻求安全
D. 学习自然知识	A. 降低风险
6. 拥有共同的价值观念	B. 预防危险
A. 和朋友在一起	16. 结识新朋友
B. 与拥有共同价值观念的人在一起	A. 结识新人
7. 独立	B. 观察新人
A. 独立	17. 思乡怀旧

资料来源:Driver & Brown,1986。

研究休闲活动制约因素的主要目的是消除这些制约因素的影响,更好地推动老年休闲满意度的提升。与推动因素相同的是,阻碍个体参与休闲的因素也来自很多方面。具体到老年群体来说,例如老年人如果缺少某一种休闲活动技能,这种情况就构成了老年人参与休闲的约束因素,再比如身体健康的因素、休闲地点和时间的安排不合理等因素,都会制约着老年休闲的选择。

Jackson(1990)认为,影响个体参与休闲的约束因素可以分为两大类:第一类是先验因素,这些因素影响个体对某些休闲活动的偏好喜爱,包括对休闲机会与休闲活动方面的信息知识掌握不全面或者不了解等;第二类是干预因素,即那些影响个体由倾向与选择某一种休闲活动向实际参与过渡的因素,包括休闲娱乐设施的可用性、活动时长、消费水平、安全因素等。后者是学者研究的重点内容,Hultsman(1995)总结了一系列与约束因素相关的指标,包括可接近性(accessibility)、社会隔绝(social isolation)、个人原因(personal reasons)、消费成本(costs)、时间保证(time commitments)和设施装备(facilities)六大类,详见表6-2。对于老年人来说,受到时间的约束因素影响不大,但是相关技能、信息和知识不足是他们存在的主要问题,此外,对于部分收入较低的老年人来说,消费也是一个很重要的制约因素。

表6-2 休闲约束因素的六大类指标

项目	约束方面
可接近性	交通费用 交通是否方便
社会隔绝	没有机会参加住处附近的活动 缺乏可参加的活动方面的信息 缺乏找到他人一道参加活动

续表

项目	约束方面
个人原因	缺乏必要的技能 自律太强 体力、精力有限 没有兴趣
消费成本	装备、材料供给用品的花销 入场费、租金以及其他设备设施或项目的收费
时间保证	工作负担 家庭负担 由于参加其他休闲项目而无法分身
设施装备	设施设备或场所供不应求、人满为患 设施设备或场所缺乏维修保养

资料来源：Hultsman, 1995。

（四）休闲与老年生活满意度的关系总结

在国外休闲研究领域，休闲与生活满意度及年龄三者之间的关系问题一直是学者关注的重点，积累了大量研究成果。Kally 和 Steinkamp（1987）的研究证明，在休闲活动中，老年男性比女性更渴望伴侣关系，他们还发现，那些能使参与者加强互动，以及需要长时间技能培养的休闲活动更有助于提升老年休闲满意度。从年龄角度分析休闲活动及其与生活满意度之间的关系，他们发现：①旅行、文化活动对于 45~54 岁之间的人最重要；②社会、文化和旅行活动对于 55~64 岁之间的人最重要；③社会和旅行活动对于 65~74 岁之间的人最重要；④在家中以及围绕家庭的活动对于 75 岁以上的老年人生活满意度最重要。此外，他们还研究了社会活动与休闲之间的关系，发现人们的休闲活动会随着年龄增加而减少，但是与家庭和朋友这种重要社会关系相关的休闲活动通常会一直延续下去。这些研究结论与十年前 Gordon 等（Gordon，Gaitz，and Scott，1976）的研究结论是一致的，Sneegas（1986）专门对老年人的生活满意度及其与社会竞争之间的关系进行了探讨，她认为年龄与自我感受到社会没有关联，老年人对社会竞争的自我感受影响着他们的休闲参与度和满意度。

Riddick（1985）也研究了生活满意度与年龄之间的关系，她在一项全国性的抽样调查中发现，休闲活动是影响 65 岁及以上人群生活满意度的最主要因素，老年人的性别、收入和健康问题都会阻碍他们参与休闲活动，从而影响其生活满意度。她还研究了从 18~65 岁之间 10 个年龄组中的休闲满意度，提出对休闲资源和休闲价值的认识对于休闲满意度有着非常重要的影响（Riddick，1986）。Mobliy 等（Mobliy，Lemke，Ostiguy，Woodard，Griffee and Pickens，1993）提出，成功适应衰老过程在很大程度上依赖于保持或增强自身能力和自主能力，那些拥有大量休闲资源的人最幸福。Kelly 和 Godbey 指出，休闲价值感、丰富的休闲内容，以及与别人分享等能够大大提高生活满意度。

Culer Hendrinks（1990）认为参与社会活动是老年生活满意度的决定因素。Bammel 和 Burris Bammel（1996）也指出社会参与长期以来就被认为是决定老年人幸福、精神状态、生活状况及生活满意度的重要因素。

从这些研究成果中可以总结出，休闲与老年生活满意度之间具有正相关的联系，也就是说，休闲可以促进老年生活满意度的提高，休闲是预测社会满意度的一个重要指标，同时对于提高社会福利也具有积极的效果。休闲服务机构的功能之一就是消除影响老年人参与休闲活动的约束因素，帮助推动老年休闲的良性发展。虽然不同的休闲个体参与休闲活动的动机各不相同，休闲需求也不尽一致，但是就某个群体而言，如老年群体，其休闲动机与休闲满意度之间存在一定的共性,下文将通过相应的数学统计方法加以进一步说明。

二、北京市老年休闲满意度的影响因子分析

由前文可知,本次调查的B卷采用等级尺度法设计,按照累加李克特量表(Likert-type Scale)的数据统计方法将每个问题的选项从1到5分为五个等级,以下分析结果都是基于问卷B的调查数据,重点对老年休闲满意度的各项指标进行分析描述。

(一)数据处理说明

在对问卷数据的分析过程中,为了增强调查数据之间的可比性,首先运用了以下统计处理方法对本次调查的原始数据进行如下整理。

1. **缺失数据预处理**

对于个别问题上出现被访者弃权的现象,即对某个具体问题的调查项目,被访者没有作出回答,经过审核认为问卷的缺失回答数量较少,问卷数据仍然可用,笔者使用项目值3替代缺失数据。

2. **数据预处理说明**

在分析过程中,采用五点计分法对问卷B的调查数据进行处理,即1. 非常不满意——1分;2. 不太满意——2分;3. 一般——3分;4. 比较满意——4分;5. 非常满意——5分。将有效问卷中出现弃权行为的问题赋值为3分,使得这些选项的得分等于平均值3分。根据以上数据处理方法,得到北京市老年人休闲生活满意度调查统计表(见表6-3)。

表6-3　北京市老年休闲生活满意度指数分析

题号	题目	选项 1	2	3	4	5	单项均值	满意比例（%）	不满意比例（%）
1	小区周边活动场地的数量	37	68	127	169	83	3.40	52.07	21.69
2	目前参与休闲活动的花费	21	17	132	216	98	3.73	64.88	7.85
3	收费健身场所的价位设置	16	85	185	122	76	3.32	40.91	20.87
4	小区周围健身设施的数量	26	82	152	157	67	3.32	46.28	22.31
5	社区老年活动的组织与管理	54	83	185	96	66	3.08	33.47	28.31
6	休闲对自己身体健康的效果	5	5	46	198	230	4.33	88.43	2.07
7	公园健身设施的数量与设置	1	36	98	202	147	3.95	72.11	7.64
8	公园的环境卫生情况	5	10	74	198	192	4.16	80.58	3.10

续表

题号	题目	选项 1	2	3	4	5	单项均值	满意比例（%）	不满意比例（%）
9	公园的休息座椅设置	4	78	122	126	154	3.72	57.85	16.94
10	公园与我家的距离远近	3	41	114	187	139	3.86	67.36	9.09
11	休闲让我认识了更多的朋友	2	10	141	199	132	3.93	68.39	2.48
12	休闲满足了我的兴趣爱好	0	15	73	237	159	4.12	81.82	3.10
13	休闲增进了我与家人的感情	5	20	122	177	160	3.96	69.63	5.17
14	休闲让我活的更年轻	5	5	88	188	198	4.18	79.75	2.07
15	休闲增加了我的知识技能	28	31	214	116	95	3.45	43.60	12.19
16	对自身休闲现状的总体满意程度	2	10	91	292	89	3.94	78.72	2.48

3. 调查维度内容说明

关于"老年休闲满意度"的调查共有16个问题,涉及两种类型:第一种类型是单一的整体评估法(第16题),将老年休闲生活满意度作为一个整体性概念来进行研究;第二种类型是由多种评估要素组成的综合评分法(第1—15题)。该部分问题涉及影响老年人休闲满意度的五个维度:自我价值维度、人际关系维度、社会支持维度、休闲福利维度和自我感认知维度(图6-4)。

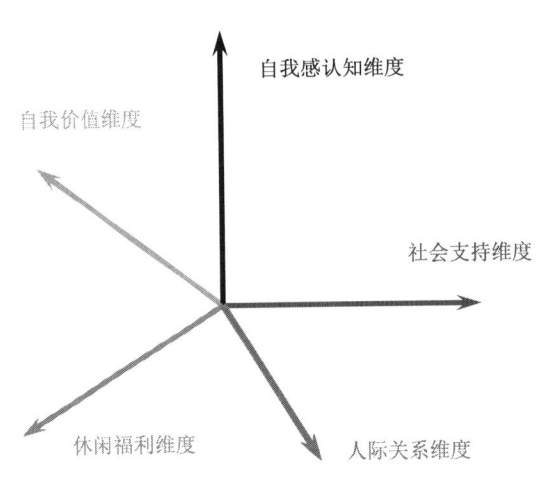

图6-4 本次调查内容的维度设计

4. 关键指标术语说明

A. 信度:又叫可靠性,它是在相同条件下对同一物体或事件进行重复测量所得结果的一致性程度,是衡量问卷或量表稳定性和可靠性的重要指标。信度主要体现检验结果的一贯性、一致性、再现性和稳定性。一个好的测量工具,对同一事物反复多次测量,其结果应该始终保持不变才可信,因此一份设计合理的问卷应该具有它的可靠性和稳定性,调查问卷的评价体系是以量表形式来体现的,编制的合理性决定着评价结果的可用性和可信性。

B. 休闲满意度:目前国内学术界还未对"休闲满意度"进行统一的概念界定,根据较权威的观点,笔者认为"休闲满意度"是参与休闲活动的个体对其休闲期望(或休闲目标)在实际生活中达到的程度的情感性评价。休闲满意度是一个相对的概念,它是参与休闲个体的休闲期望值与最终获得值之间的匹配程度。

(二)问卷结果的信度分析

信度分析是评价调查问卷是否具有稳定性和可靠性的有效的分析方法,问卷的信度分析包括内在信度分析和外在信度分析。内在信度分析主要考察一组评估项目测量的是不是同一个特征,这些项目之间是否具有较高的内在一致性,一致性越高,评价项目就越有意义,其评价结果的可信度就越高。外在信度是指在不同时间对同批被调查者实施重复调查时,检验评价结果是否具有一致性,如果两次评价结果相关性较强,说明项目的概念和内容是清晰的,因为评价的结果是可信的。

信度分析的方法有多种,有 α 信度和分半信度等,两者都是通过不同的方法来计算信度系数,再对信度系数进行分析。一般情况下人们主要考虑量表的内在信度——即项目之间是否具有较高的内在一致性,目前最常用的是 α 信度系数法。研究表明,内部一致性 α 系数是评价内在信度最常用也是较有效的方法之一。按照累加李克特量表(Likert-type Scale)的数据录入格式(见表6-4), α 信度系数的公式为:

$$\alpha = \frac{k}{k-1}\left(1 - \frac{\sum_{i}^{k} = S_i^2}{S_x^2}\right)$$

其中, $a_{ij}(i=1,2,\cdots,k;j=1,2,\cdots,n)$ 表示各观测(受试对象)第 i 个题目的得分,量表共有 k 个题目, n 个观测。 k 为测验的题目数, S_i 为第 i 题

得分数的方差,S_x为测验总分的方差。

表6-4 李克特量表的数据结构

编号	问卷题目				
	1	2	3	...	k
1	a_{11}	a_{21}	a_{31}	...	a_{k1}
2	a_{12}	a_{22}	a_{32}	...	a_{k2}
3	a_{13}	a_{23}	a_{33}	...	a_{k3}
⋮	⋮	⋮	⋮	⋮	⋮
n	a_{1n}	a_{2n}	a_{3n}	...	a_{k3}

α信度系数可以解释用量表测试某一等级所得分数的变异中,有多大比例是由真分数所决定的,从而反映量表受随机误差影响的程度,反映出测试的可靠程度。还可以把α信度系数视作相关系数,它的取值范围从0到1之间,出现负值是违反可靠性模型的。通常认为,如果α信度系数>0.9,则认为量表的内在信度很高;如果0.8<α信度系数<0.9,则认为量表的内在信度是可以接受的;如果0.7<α信度系数<0.8,则认为量表具有一定的参考价值,但有些项目需要修订;如果α信度系数<0.7,则表示量表中的有些项目需要抛弃。通过SPSS13.0统计软件,可以将问卷中老年休闲满意度的几个项目进行信度分析,如表6-5所示,问卷的总体内部一致性α系数为0.812,所以可以判断出本次调查问卷的内在信度是可以接受的。

表6-5 内部一致性α系数检验

题号	题目	删除该项后的α系数
1	小区周边活动场地的数量	0.772
2	目前参与休闲活动的花费	0.779

续表

题号	题目	删除该项后的α系数
3	收费健身场所的价位设置	0.777
4	小区周围健身设施的数量	0.777
5	社区老年活动的组织与管理	0.802
6	休闲对自己身体健康的效果	0.789
7	公园健身设施的数量与设置	0.779
8	公园的环境卫生情况	0.784
9	公园的休息座椅设置	0.799
10	公园与我家的距离远近	0.791
11	休闲让我认识了更多的朋友	0.795
12	休闲满足了我的兴趣爱好	0.789
13	休闲增进了我与家人的感情	0.799
14	休闲让我活的更年轻	0.796
15	休闲增加了我的知识技能	0.782
	总体内部一致性α系数	0.812

(三)老年休闲整体满意度的描述性分析

1. 老年休闲总体满意度指标统计结果

根据问卷调查的统计结果,在"对自身休闲生活现状的总体满意程度"选项中回答"比较满意"的人数最多,占总人数的60.33%,其次是"一般"和"非常满意"分别占总人数的18.80%和18.39%,人数最低的"非常不满意"只有0.41%。可见,总体上来说,超过七成的被访老年人对目前自身的休闲生活比较满意,休闲满意度水平总体主观评价较高(见图6-5)。

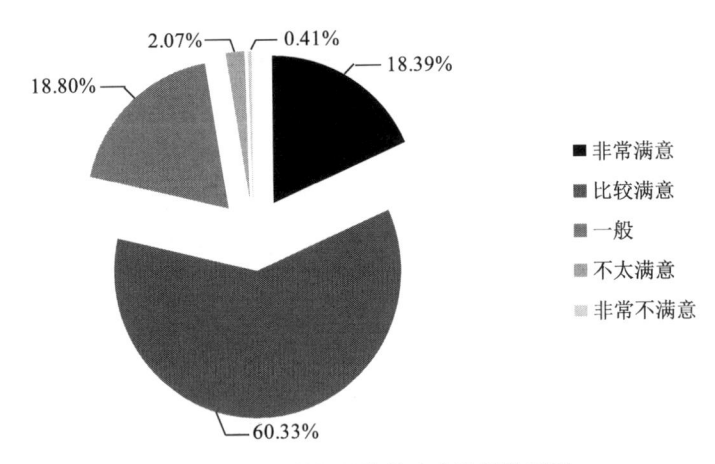

图6-5 老年休闲总体满意度比例关系图

图例：非常满意 18.39%，比较满意 60.33%，一般 18.80%，不太满意 2.07%，非常不满意 0.41%

2. 整体满意度指数分析

整体满意度指数可以用来评估被访老年人整体的休闲生活满意度水平，其计算公式为：

整体满意度指数 = ∑单项得分/（最高分值×总人数）×100%

其中单项得分的计算公式为：

单项得分 = ∑某分数点×该项目中选择该分数点的被访者人数

在五点积分问卷中，一般认为如果整体满意度指数在10~40之间，即表示被访者的整体满意度处于"抱怨"阶段，40~70之间则表示被访者的整体满意度水平处于"中立"阶段，70~100之间则表示整体满意度水平处在"满意"阶段，（如图6-6）。根据整体满意度指数的计算公式可知北京市老年人的整体休闲满意度指数为67.3%，可见目前北京市老年人的整体休闲满意度仍处在"中立"水平，与"满意"水平尚存在一定距离。

```
         抱怨        中立        满意
  10      40        70        100
```

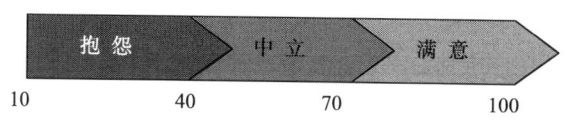

图6-6 整体满意度指数分布图

3. 老年休闲整体满意度的差异性检验

将被调查者的基本属性与老年休闲的总体满意度相结合,应用SPSS13.0对样本的总体满意度与各项基本属性指标进行多重方差分析,结果如表6-6显示,"健康状况"指标项的方差分析结果为 $F=6.378$,$Sig.=0.002$,按照 $\alpha=0.05$ 水准,拒绝 H_0,接受 H_1,即认为"健康状况"与"老年休闲满意度"之间存在显著性差异,而其他几种属性指标的方差分析结果显示皆为"无显著性差异"。也就是说,不同健康等级的老年人对于自身休闲满意度的整体评价之间存在显著性区别,而不同性别、年龄、职业、文化程度、收入水平、居住区位的老年人对于自身休闲满意度的整体评价之间并无明显不同。经分析样本总体满意度均值为3.96[1],进一步按样本基本属性分类并对均值进行比较,如图6-7所示。

表6-6 老年休闲总体满意度差异显著性分析

统计指标项	方差分析结果		结论
	F	Sig.	
性别	0.372	0.542	性别与老年休闲满意度之间无显著性差异
年龄	0.288	0.886	年龄与老年休闲满意度之间无显著性差异

---

[1] 赋值说明:"对自身休闲生活现状的总体满意程度"选项5=非常满意,4=比较满意,3=一般,2=不太满意,1=非常不满意。

续表

统计指标项	方差分析结果 F	Sig.	结论
是否退休	0.497	0.481	退休状况与老年休闲满意度之间无显著性差异
文化程度	0.598	0.617	文化程度与老年休闲满意度之间无显著性差异
健康状况	6.378	0.002	健康状况与老年休闲满意度之间存在显著性差异
收入水平	0.810	0.519	收入水平与老年休闲满意度之间无显著性差异
居住区位	1.301	0.241	居住区为与老年休闲满意度之间无显著性差异

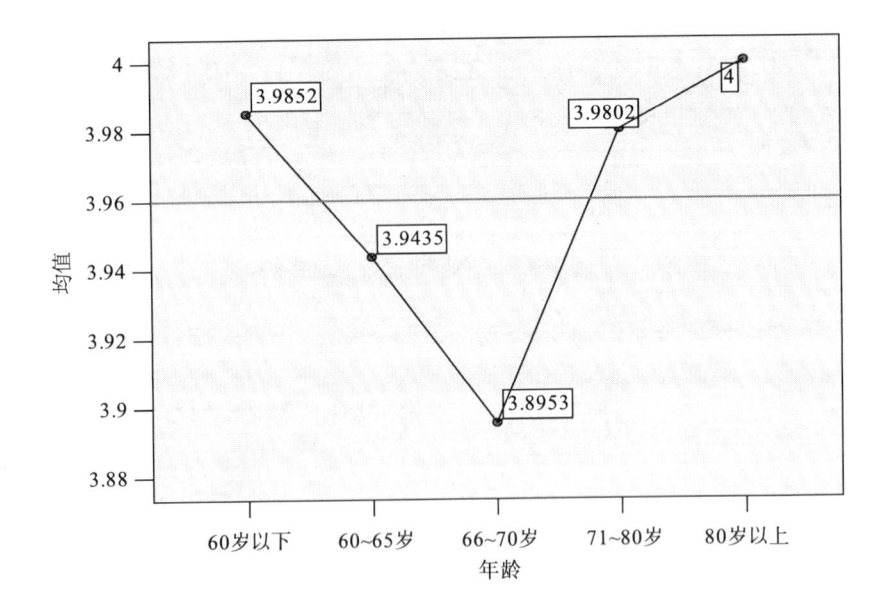

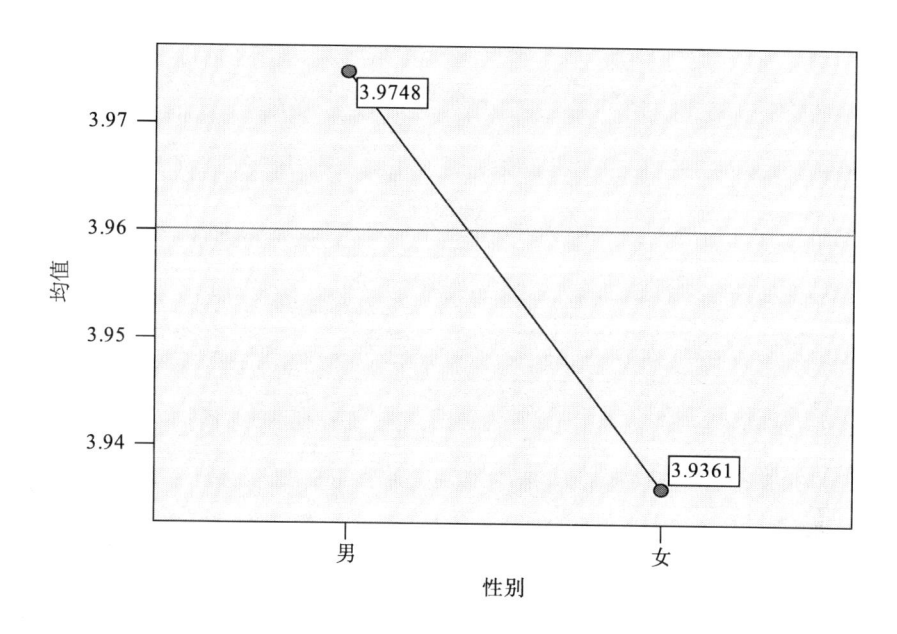

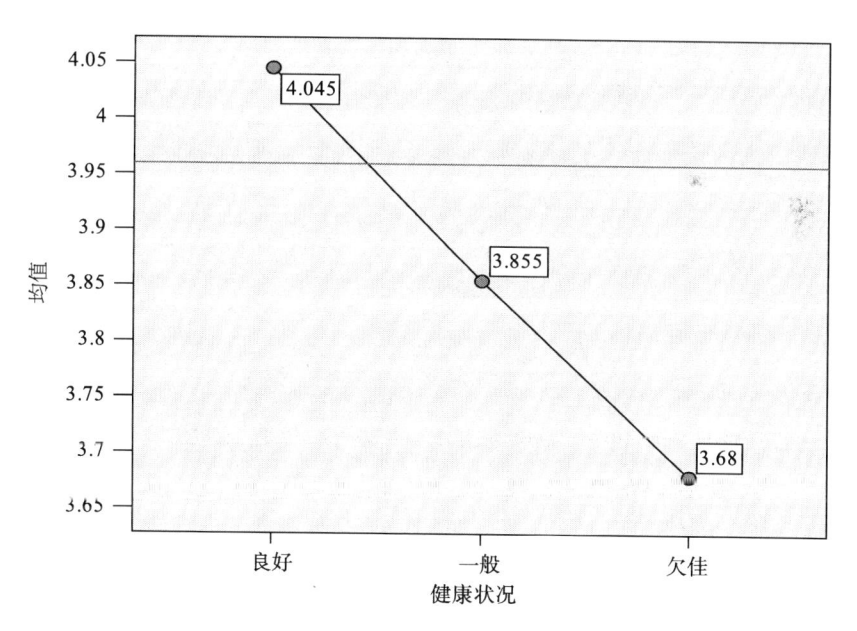

第六章 城市老年休闲生活满意度及其评估指标体系构建

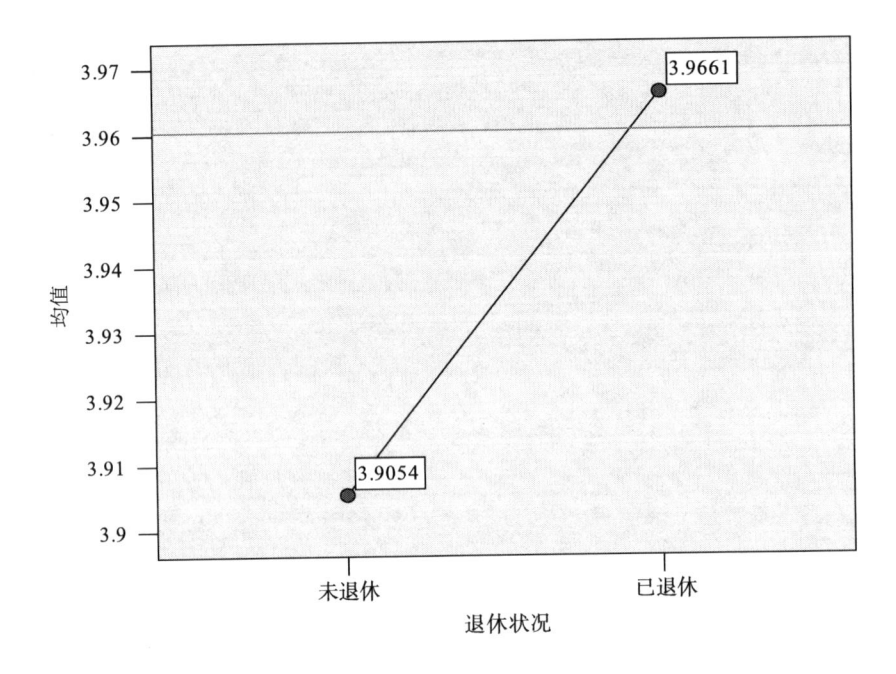

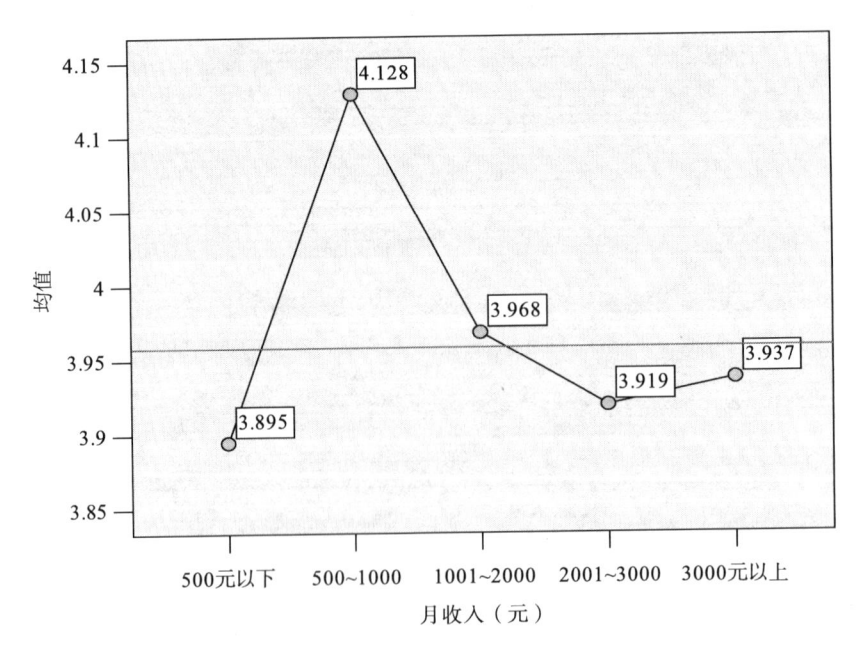

■ 北京市老年人休闲行为特征变异与休闲空间组织研究

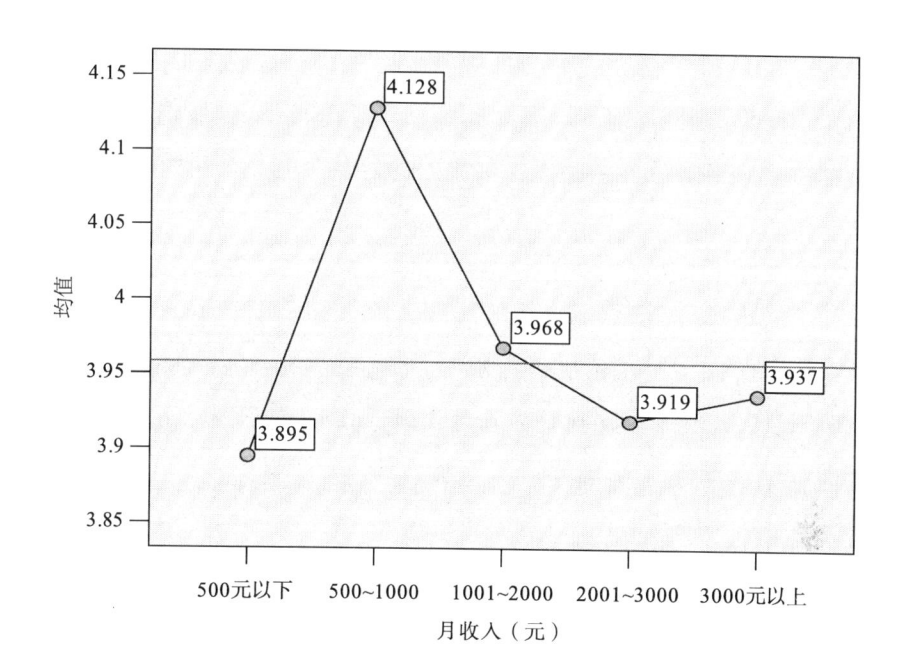

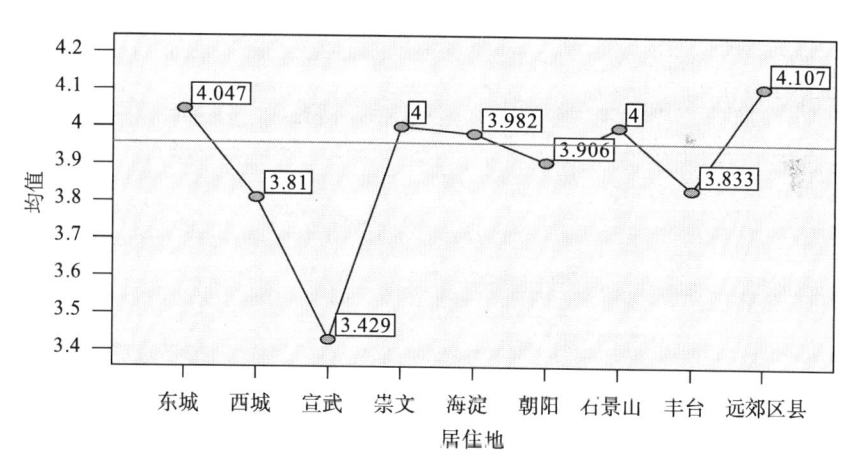

图6-7 满意度指标的均值分析(按样本属性分类,红线表示样本总体均值3.96)

(四)老年休闲满意度的影响因子分析

因子分析是一种将多变量化简的技术,目的是分解原始变量,从中归纳出潜在的"类别",相关性较强的指标归为一类,每一类变量代表了一个共同因子,而不同类之间的相关性则很小,这样将原来的多个相互关联的指标组合成相互独立的少数几个能充分反映总体信息的指标,从而在不丢掉主要信息的前提下解决了变量间的多重共线性问题。近年来因子分析在指标评价体系构建中也被广泛应用。

应用SPSS13.0对调查的样本数据采用KMO统计量和Bartlett's球形检验进行因子分析适宜性检验,结果显示,样本的KMO测度值为0.834,这说明该样本数据非常适合做因子分析,同时从表6-7可以看到Bartlett's球体检验统计值的显著性概率是0.000,小于0.05,拒绝Bartlett's球体检验的零假设,说明数据相关阵不是单位阵,具有相关性,也说明统计数据是适宜做因子分析的。

表6-7 KMO 和 Bartlett's 球体检验结果

KMO检验 (Kaiser-Meyer-Olkin)	Bartlett's 球体检验 Bartlett's Test of Sphericity		
	近似卡方分配	自由度	显著性检验
0.834	1181.270	105	0.000

假定有 p 个变量 $x_1, x_2, \cdots, x_p$,在 n 个样本中对 p 个变量观测的结果构成了1个 $n \times p$ 阶的原始数据矩阵

$$X = \begin{bmatrix} x_{11} & x_{12} & \cdots & x_{1p} \\ x_{21} & x_{22} & \cdots & x_{2p} \\ \vdots & \vdots & \vdots & \vdots \\ x_{n1} & x_{n2} & \cdots & x_{np} \end{bmatrix}$$

通常,为了消除变量间在数量级上或量纲上的不同,在进行因子分析之前都对变量先进行标准化。假定标准化后的变量为 $z_1, z_2, \cdots, z_p$。因子分析的基本假设是 p 个标准化变量可由 p 个新的标准化变量——因子 $F_1, F_2, \cdots, F_p$ 线性表示。

$$z_j = a_{j1}F_1 + a_{j2}F_2 + \cdots + a_{jp}F_p \tag{6-1}$$
$$j = 1, 2, \cdots, p$$

式中，$a_{ij}(i,j=1,2,\cdots,p)$构成矩阵 $\boldsymbol{A}$ 为因子载荷矩阵。假定式(6-1)中 p 个因子是按照它们的方差贡献由大到小排列的，通常选择 m 个方差贡献较大的因子(m个因子的累积贡献率在85%以上)，此时式(6-1)可写成，

$$z_j = a_{j1}F_1 + a_{j2}F_2 + \cdots + a_{jm}F_m + e_j \tag{6-2}$$

式中，$e_1, e_2, \cdots, e_p$ 是误差项，通过估计可以得到载荷矩阵 $\boldsymbol{A}$。

利用因子分析法提取影响老年休闲满意度的潜在变量作为评价体系的二级指标，它既可以归类三级指标，构成具有合理层次性的指标体系，也可以解决各影响因素之间多重共线性为老年休闲效果评价和休闲空间功能评估造成的诸多不便，通过进行因子分析可以得到有实际解释意义的公共因子。

1. 指标权重的确定方法

(1)二级指标对于一级指标的权重确定。

因子 $F_j(j=1,2,\cdots,p)$ 对全部变量的方差贡献为 $\boldsymbol{A}$ 第 j 列元素的平方和

$$V_j = \sum_{i=1}^{p} a_{ij}^2 \tag{6-3}$$

它是衡量公共因子相对重要性的指标，V_j 越大，表明 F_j 的贡献越大，所以，通常可以用公共因子的方差贡献率来作为权重。实际上，若将公共因子按方差贡献率由大到小排序，特征值也按由大到小顺序排列，则有

$$\lambda_j = \sum_{i=1}^{p} a_{ij}^2 V_j \tag{6-3}$$

故可以利用下式表示一级指标：

$$F = \frac{\lambda_1}{\sum_{j=1}^{m}\lambda_j}F_1 + \frac{\lambda_2}{\sum_{j=1}^{m}\lambda_j}F_2 + \cdots + \frac{\lambda_m}{\sum_{j=1}^{m}\lambda_j}Fm \qquad (6-5)$$

式中，$\frac{\lambda_j}{\sum_{j=1}^{m}\lambda_j}$为第$j$个主因子，即第$j$个二级指标对于一级指标的权重。

(2)三级指标对于二级指标的权重确定。

三级指标权重的确定方法很多，概括起来有主观赋权法和客观赋权法。前者包括专家评分法(Delphi法)、层次分析法(AHP)；后者包括秩和比法、相关系数法、主成分分析和因子分析法等。主观赋权法主要是根据专家的评价，通过数理计算来确定权重，虽然在赋权的过程中，采用不同的技术在一定程度上可以减少赋权的主观性，但这样的权重对专家仍存在不同程度的依赖。客观赋权法则是根据实际采集到的数据，通过数理的运算，依指标之间量的关系来确定权值大小，避免了人为因素和主观因素的影响。两大类方法各有利弊，所以通常情况下结合使用。本书将AHP的主观分析和因子分析法的客观分析相结合确定三级指标对于二级指标的权重。AHP以定性和定量相结合的方法处理各种决策因素，将人的主观判断用数量形式表达和处理，在社会经济研究的多个领域得到了广泛的应用，近年来，在满意度的研究中也有所应用。该方法把复杂问题分解成各个组成因素，又将这些因素按支配关系分组形成递阶层次结构，通过两两比较的方式确定层次中诸因素的相对重要性。

分析系统中各因素的关系，建立系统的递阶层次结构模型，则上下层次间元素的隶属关系就确定了。然后对同一层次的各元素关于上一层次的重要性进行两两比较，构造两两比较判断矩阵，进行层次内元素权重确定。一般情况下，采用9级标度来表达因素之间的相对重要性程度。1表示两元素相比具有相同的重要性；而9表示前者比后者重要很多。

假定上一层元素支配的下一层元素有 n 个，则 n 个元素构成了一个两两比较判断矩阵 $A=(a_{ij})n\times n$，其中，a_{ij} 表示元素 i 与元素 j 的重要性之比，则元素与元素 i 的重要性之比为 $a_{ji}=1/a_{ij}$。如果向量 $w=(w_1,w_2,\cdots,w_n)^T$ 满足

$$A_w = \lambda_{\max} w \qquad (6-6)$$

式中，$\lambda_{\max}$ 是矩阵 A 的最大特征根。则 w 为相应的特征向量，归一化后的 w 可以作为权向量，这种方法叫做特征根法。本书采用该方法确定层次内的权重。

在特殊情况下，判断矩阵 A 的元素具有传递性，即满足

$$a_{ij} \times a_{jk} = a_{ik} \qquad (6-7)$$

如果矩阵 A 的所有元素都满足式(6-5)，则判断矩阵是一致的。如果出现"甲比乙重要，乙比丙重要，而丙却比甲重要"的判断，一般认为是违反常识的。因此需要对判断矩阵的一致性进行检验，其步骤如下：

1) 计算一致性指标 C.I.

$$\text{C.I.} = \frac{\lambda_{\max} - n}{n-1} \qquad (6-8)$$

2) 查找相应的平均随机一致性指标 R.I.。

3) 计算一致性比例 C.R.

$$\text{C.R.} = \text{C.I.}/\text{R.I.} \qquad (6-9)$$

当 C.R.<0.1 时，认为判断矩阵的一致性是可以接受的，将各权向量作为三级指标对于二级指标的主观权重。当 C.R.≥0.1 时，应该对判断矩阵作适当的修正。

在 AHP 中确定客观权重，可以将原变量表示为公共因子的线性组合，而在实际应用中，为了研究各公共因子的成因等其他问题，常常反过来将公共因子表示为原变量的线性组合，

$$F_j = b_{j1}z_1 + b_{j2}z_2 + \cdots + b_{jp}z_p \quad (6\text{-}10)$$

称为因子得分函数,通过其可计算出不同样本的各公共因子得分,并在此基础上对 F_j 和与之关系密切的部分原变量进行回归分析,利用此回归系数作为三级指标对于二级指标的客观权重。

在主观权重和客观权重确定之后,本书采用下式获取综合权重:

$$\lambda_j = \frac{\lambda_{j(AHP)}\lambda_{j(FA)}}{\sum_{j=1}^{m}\lambda_{j(FA)}} \quad (6\text{-}11)$$

式中,$\lambda_{j(AHP)}$ 表示使用 AHP 确定的主观权重;$\lambda_{j(FA)}$ 表示使用 AHP 确定的客观权重;λ_j 表示综合权重。

2. 样本的因子分析结果

为方便统计结果描述,在对数据进行处理时,分别用 X1—X15 代表以下 15 个因素,分别为:X1(小区休闲空间)、X2(休闲消费水平)、X3(休闲项目收费)、X4(小区休闲设施)、X5(老年休闲管理)、X6(健身效果)、X7(公园休闲设施)、X8(公园环卫)、X9(公园游憩设施)、X10(公园空间距离)、X11(社会交往)、X12(兴趣爱好)、X13(增进亲情)、X14(年轻化)、X15(知识技能)。

由表 6-8 和图 6-8 因子分析结果显示:特征根值大于 1 的五个因子解释了总体方差的 72.039%,因此可以认为这 5 个因子能够解释大部分变量,可以概括大部分信息。

表 6-8 老年休闲满意度影响因素因子分析结果

因子	初始特征根植			因子载荷平方和			旋转后因子载荷平方和		
	总计	占方差百分比(%)	累计百分比(%)	总计	占方差百分比(%)	累计百分比%	总计	占方差百分比(%)	累计百分比(%)
X1	4.181	27.873	27.873	4.181	27.873	27.873	2.769	18.461	18.461
X2	2.818	18.790	46.663	2.818	18.790	46.663	2.409	16.060	34.520

续表

因子	初始特征根植			因子载荷平方和			旋转后因子载荷平方和		
	总计	占方差百分比（%）	累计百分比（%）	总计	占方差百分比（%）	累计百分比%	总计	占方差百分比（%）	累计百分比（%）
X3	1.597	10.647	57.309	1.597	10.647	57.309	2.243	14.952	49.472
X4	1.154	7.695	65.004	1.154	7.695	65.004	1.765	11.767	61.240
X5	1.055	7.035	72.039	1.055	7.035	72.039	1.620	10.799	72.039
X6	0.794	5.294	77.333						
X7	0.665	4.436	81.769						
X8	0.563	3.750	85.519						
X9	0.473	3.153	88.672						
X10	0.391	2.609	91.281						
X11	0.379	2.525	93.806						
X12	0.297	1.977	95.783						
X13	0.251	1.670	97.454						
X14	0.216	1.443	98.896						
X15	0.166	1.104	100.000						

Extraction Method：主成分分许

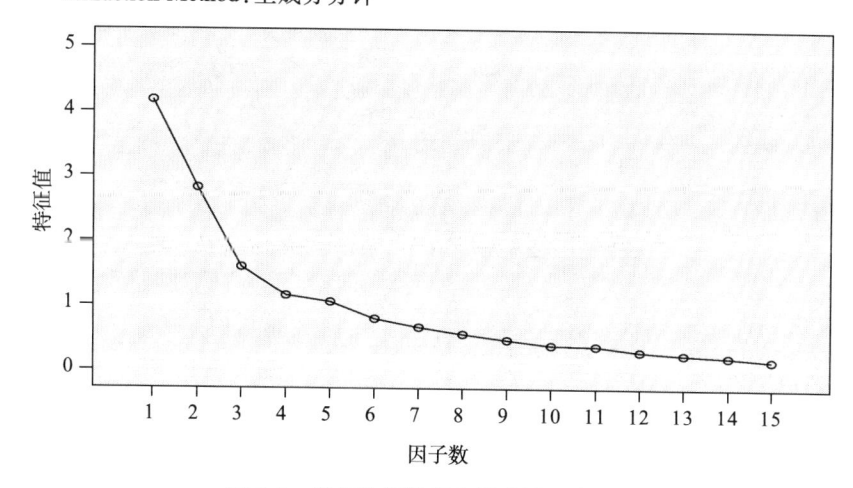

图6-8 老年休闲满意度影响因子碎石图

表6-9为旋转后的因子载荷矩阵,显示每一个主因子主要由哪些变量提供信息。从表中可知,第1个因子主要与X12、X13、X14和X15呈正相关,第2个因子主要与X1、X4和X5呈正相关,第3个因子主要与X6、X7和X8呈正相关,第4个因子主要与X2和X3呈正相关,第5个因子主要与X10、X11和X12呈正相关。

表6-9 旋转后的因子载荷矩阵

评价指标	主因子				
	1	2	3	4	5
X14	0.883	−0.033	0.027	0.130	−0.051
X13	0.827	−0.157	0.027	0.098	0.041
X15	0.919	0.297	0.047	0.241	0.079
X12	0.848	0.099	0.101	−0.126	0.520
X4	0.040	0.893	0.185	0.152	0.039
X5	0.027	0.845	−0.085	0.043	−0.056
X1	−0.089	0.912	0.412	0.337	0.192
X8	−0.005	−0.024	0.817	0.153	0.277
X6	0.269	−0.046	0.765	0.204	−0.155
X7	−0.021	0.431	0.716	0.036	0.151
X9	−0.342	0.294	0.898	0.033	0.292
X2	0.156	0.141	0.099	0.881	.1050
X 3	0.153	0.147	0.228	0.782	0.116
X 10	−0.080	0.156	0.776	0.116	0.179
X 11	0.379	−0.243	0.023	0.241	0.8600

Extraction Method: Principal Component Analysis.

Rotation Method: Varimax with Kaiser Normalization.

因此,可以基本确定影响北京市老年休闲体验与休闲感知的五个主因子为:F1(老年休闲效果评估)、F2(社区休闲体验与休闲服务)、F3(公园休闲体验与休闲服务)、F4(老年休闲消费)、F5(老年社会交往与情感)。

三、城市老年休闲生活质量评估指标体系构建

在学术界,由于研究视角和研究方法各异,不同学科领域的研究者对于"老年生活质量"的概念界定各不相同。在临床医学领域,这一概念的应用最为广泛,医学上研究的"老年生活质量"主要指那些因疾病引起的生理与精神健康方面的障碍程度,当然也可能涉及疾病造成的间接影响,如失业和经济困难等。在研究方法上,一般多采用量表的形式测量"生活质量"。生活质量的评估指标的细化主要是指量表种类及其变量的增加,如医疗效果研究36项条目短表[1]、欧洲生活质量量表[2]、世界卫生组织生活质量量表[3]、个人生活质量评估量表[4]等。同时,有学者指出,生活质量量表的发展趋势是更加注重于情感、角色、社会活动和认知功能等主观方面内容(曾毅等,2002)。

目前,学术界关于"生活质量"应该包括哪些内容仍未形成一致共识,但许多研究者都认为"生活质量"应该是一个多维概念,它至少

---

[1] 36项条目短表主要用来评估总体健康状况,包括躯体功能,社会交往和情感。

[2] 欧洲生活质量量表包括躯体、精神和社会调适功能等方面,很简单但适用于很广泛的健康干预及卫生保健评估和成本效用分析。

[3] 世界卫生组织生活质量量表是根据个人的价值观和文化以及他们的目标、期望和所关心的问题对自己在生活中的地位的感受,包括身体健康、心理健康、独立性、社会关系、环境和精神六大方面进行评估。

[4] 个人生活质量评估量表是由应答者说出对生活质量中的几个重要方面所作的自我评价。

应包括躯体健康、自理能力、认知功能、心理健康、社会交往、家庭情感支持、生活满意度、健康服务可获性、经济状况、业余生活、幸福感等因素。这种多维概念的视角,在某种程度上推动了生活质量问题的跨学科研究。

具体到"老年休闲生活质量"的研究,笔者认为应既包括对于老年休闲生活的客观评价,还包括老年人对自身参与休闲的主观感受,两者缺一不可。在人文地理学的研究中,通常从公园绿地或其他城市生活设施的完善程度等方面来研究休闲质量。诚然,"环境""社区""公园""家庭""收入"等因素都对老年生活质量具有决定作用,但这些客观指标都不能充分解释老年人对晚年生活是否满意、是否顺心。同时,仅仅认识到主观感受对于制定何种政策和如何实施干预介入也是不够的。在国际上,越来越多的研究者认为,被研究者的"主观感受"应在"生活质量评估"体系中占有相对较大的权重。Lawton(1991)指出,生活质量是一个多维概念,并强调生活质量在结构上应包括评估、个人标准、社会规范、人与环境、时空等五个方面;而在内容上应包括行为能力、感知、环境和心理四个方面。Kahneman等(1999)提出"生活质量"应包括外部条件(如收入、邻里、住房等),福康的主观评价(如自评满意不满意),一贯的情绪状态(乐观/悲观),行为的生化和神经基质。

受到临床医学研究方法的启发,借鉴相关生活量表,笔者以问卷B为基础,试图构建城市老年休闲生活质量评估指标体系。在上一章的分析中可以发现,当前城市老年人的休闲行为呈现出休闲时间增长、休闲方式多元化、休闲消费升级、休闲空间扩张等特点,休闲满意度或幸福感在休闲生活中的权重越来越大,老年人的主观感受间接甚至直接反映着城市休闲服务质量和老年人对社会保障的满意程度。指标体系的建立是一个将主观感受转化为客观标准的一个过程,对于幸福感或满意度的测量,主要侧重于主观层面,一般包括休闲生活满意度、休闲功能评价和休闲服务评价等内容。

(一)指标体系的建立原则

城市老年休闲生活质量评估指标体系是在较为细致地分析了城市老年人休闲行为特征变迁及其外部相关性的基础上建立的,它是一套可以描述和分析城市老年休闲生活质量的工具,对于提高城市"老年休闲"概念的客观性、可测性和应用性等方面都具有重要的现实意义。

借鉴国内外的相关研究成果,在建立"城市老年休闲生活质量评估指标体系"的过程中应遵循以下几个基本原则。

1. 可度量性原则

指标体系中所选择的指标必须是可度量的,而且是能够实际取得的数据。数据来源可以从各类官方公布的权威统计指标中获取,在缺乏权威统计数据的情况下也可以使用其他调查数据,个别情况下辅之以专家测评,以最大限度地保证指标的客观性和权威性。

2. 可比性原则

城市老年休闲的发展是一个动态发展的过程,它与城市整体发展水平息息相关,因此本指标体系在选择具体指标时应尽可能反映城市转型期老年休闲的特点,同时使得指标设置具有一定的代表性和通用性,并具有纵向和横向的相对可比性,从而提高这个指标体系的适用范围。

3. 关联性原则

在关联性原则下,指标体系中的每一个指标至少能够在一定程度上近似地反映城市老年休闲生活质量的某些基本特征,也就是说,每一个指标能从某一特定角度反映城市老年休闲生活质量的发展水平。

4. 前瞻性原则

正因为城市居民休闲生活的发展是不断变化的,因此所选择指标既要从老年生活的现实出发,考虑数据资料的可获得性,又要从城市老年休闲的发展趋势出发,考虑指标的前瞻性,力求使每个设置指标都能够反映城市老年休闲发展的本质特征、时代特征和未来价值取向。

5. 层次性原则

由于指标体系是一个多层次多要素的复合体。因此,指标的设置必须按照其层次的高低和利用的大小不断细分。

(二)指标体系的构成

根据上文的统计分析结果,确定北京市老年休闲体验与休闲感知的五个主因子为:F1(老年休闲效果评估)、F2(社区休闲体验与休闲服务)、F3(公园休闲体验与休闲服务)、F4(老年休闲消费)、F5(老年社会交往与情感),并得到与这五个主因子分别呈正相关的因变量。这五个因子基本涵盖了老年休闲活动功能评价、老年休闲服务满意度评价和老年休闲生活满意度评价的几个方面,由此可以确定城市老年休闲满意度指标体系如表6-10所示。

表6-10 城市老年休闲满意度指标体系

一级指标	二级指标	三级指标
城市老年休闲满意度	F1老年休闲效果评估	X12兴趣爱好 X13增进亲情 X14年轻化 X15知识技能

续表

一级指标	二级指标	三级指标
城市老年休闲满意度	F2 社区休闲体验与休闲服务	X1 社区休闲空间 X4 社区休闲设施 X5 社区老年休闲管理
	F3 公园休闲体验与休闲服务	X6 健身效果 X7 公园休闲设施 X8 公园环卫 X9 公园游憩设施 X10 公园空间距离
	F4 老年休闲消费	X2 休闲消费水平 X3 休闲项目收费
	F5 老年社会交往与情感	X11 社会交往

(三) 各级指标权重确定

二级指标对于一级指标的权重由各因子的贡献率确定,如表6-10所示,本研究选取了5个因子,对应的特征值分别是4.181、2.818、1.597、1.154、1.055,根据公式 $\frac{\lambda_j}{\sum_{j=1}^{5}\lambda_j}$ (j=1,2,3,4,5))可以计算得到各因子的贡献率为0.386,0.261,0.148,0.107,0.098。所以北京老年休闲总体满意度评价值可以表示为:

$$F = 0.386F_1 + 0.261F_2 + 0.148F_3 + 0.107F_4 + 0.098F_5$$

从表5-8可以看出,指标体系中共有5个二级指标,因此要建立5个重要性判断矩阵。第1个判断矩阵是4阶的,第2个3阶,第3个5阶,第4个2阶,还有1个1阶。其判断矩阵的确定方法如下:

北京市老年人休闲行为特征变异与休闲空间组织研究

$$a_{ij} = \begin{cases} \left[\dfrac{h_i - h_j}{e} + 0.5\right] + 1 & h_i > h_j \\ \dfrac{1}{\left[\dfrac{h_j - h_i}{e}\right] + 1} & h_j > h_i \end{cases} \quad (6\text{-}12)$$

式中，h_i 表示选择第 i 项指标重要的人数；

$$e = \frac{h_{max} - h_{min}}{8} = 7.5$$

根据表5-6数据和式(6-10)可以得到5个相对重要性的判断矩阵，分别为：

$$\begin{bmatrix} 1 & 1 & 1/3 & 4 \\ 1 & 1 & 1/3 & 4 \\ 3 & 3 & 1 & 6 \\ 1/4 & 1/4 & 1/6 & 1 \end{bmatrix}, \begin{bmatrix} 1 & 1 & 1/2 \\ 1 & 1 & 1/2 \\ 2 & 2 & 1 \end{bmatrix}, \begin{bmatrix} 1 & 5 & 3 & 4 & 5 \\ 1/5 & 1 & 1/4 & 1/2 & 1 \\ 1/3 & 4 & 1 & 3 & 4 \\ 1/4 & 2 & 1/3 & 1 & 3 \\ 1/5 & 1 & 1/4 & 1/3 & 1 \end{bmatrix}, \begin{bmatrix} 1 & 3 \\ 1/3 & 1 \end{bmatrix}, [1]$$

它们的最大特征值分别为 4.0606，3，5.1699，2 和 1，最大特征值对应的特征向量分别为：

[0.3408　0.3408　0.8701　0.1031]^T

[0.8165　0.4082　0.4082]^T

[0.8397　0.1233　0.4260　0.2298　0.1159]^T

[0.9487　0.3162]^T

[1]

将这些特征向量归一化之后得到的向量就可以作为权向量，它们分别是：

[0.251　0.251　0.435　0.063]^T

[0.500　0.250　0.250]^T

[0.397　0.070　0.298　0.168　0.067]^T

[0.750　0.250]^T

[1]

利用式(6-6)可以计算得到各判断矩阵的一致性指标C.I.分别为0.0202,0,0.3899,0和0。查表得 $n=6$ 的R.I.=1.24, $n=5$ 的R.I.=1.12,利用式(6-7)可得各自对应的一致性比例C.R.分别为0.0224,0,0.3481,0和0。可以看出,它们都<0.10,所以判断矩阵的一致性都是可以接受。这样确定的权向量也就是可以接受的,可以作为三级指标对于二级指标的主观权重。

表6-11 平均随机一致性指标R.I.

n	1	2	3	4	5	6	7	8	9
R.I.	0	0	0.58	0.90	1.12	1.24	1.32	1.41	1.45

表6-12 因子得分系数矩阵

指标体系	主因子 1	2	3	4	5
X1	−0.062	0.197	0.073	0.091	0.037
X2	−0.071	−0.055	−0.133	0.611	−0.031
X3	−0.055	−0.056	−0.039	0.511	−0.038
X4	0.043	0.401	−0.039	−0.046	−0.036
X5	0.054	0.429	−0.160	−0.064	−0.047
X6	0.079	−0.133	0.467	−0.002	−0.292
X7	0.012	0.092	0.344	−0.169	−0.024
X8	−0.033	−0.146	0.422	−0.049	0.048
X9	−0.146	0.065	0.138	−0.059	0.068
X10	−0.106	0.020	0.173	−0.018	−0.098
X11	0.046	−0.147	−0.111	0.098	0.452
X12	0.248	0.080	−0.008	−0.275	−0.092
X13	0.313	−0.050	0.031	−0.040	−0.053
X14	0.346	0.012	0.026	−0.032	−0.131

续表

指标体系	主因子				
	1	2	3	4	5
X 15	0.260	0.087	−0.053	0.024	−0.036

Extraction Method: Principal Component Analysis.

Rotation Method: Varimax with Kaiser Normalization.

由表6-12可以确定,

$$F_1 = 0.253x_{12} + 0.316x_{13} + 0.347x_{14} + 0.265x_{15}$$

$$F_2 = 0.204x_1 + 0.395x_4 + 0.421x_5$$

$$F_3 = 0.471x_6 + 0.342x_7 + 0.419x_8 + 0.141x_9 + 0.175x_{10}$$

$$F_4 = 0.593x_2 + 0.507x_3$$

$$F_5 = 0.449x_{11}$$

对各系数进行标准化,可得各三级指标对于二级指标的客观权向量分别为:

$[0.214 \quad 0.268 \quad 0.294 \quad 0.224]^T$

$[0.200 \quad 0.387 \quad 0.413]^T$

$[0.304 \quad 0.221 \quad 0.271 \quad 0.091 \quad 0.113]^T$

$[0.539 \quad 0.461]^T$,

[1]

通过式(6-9)得到最终权向量分别为:

$[0.204 \quad 0.256 \quad 0.486 \quad 0.054]^T$

$[0.667 \quad 0.323 \quad 0.344]^T$

$[0.503 \quad 0.065 \quad 0.337 \quad 0.064 \quad 0.032]^T$

$[0.778 \quad 0.222]^T$

[1]

各主因子可以通过下式表示:

第六章 城市老年休闲生活满意度及其评估指标体系构建

$$F_1 \approx 0.204x_{12} + 0.256x_{13} + 0.486x_{14} + 0.054x_{15}$$
$$F_2 \approx 0.667x_1 + 0.323x_4 + 0.344x_5$$
$$F_3 \approx 0.503x_6 + 0.065x_7 + 0.337x_8 + 0.064x_9 + 0.032x_{10}$$
$$F_4 \approx 0.778x_2 + 0.222x_3$$
$$F_5 \approx x_{11}$$

将式(13)代入(6-10)可得最终评价模型：

$$F = 0.174x_1 + 0.083x_2 + 0.024x_3 + 0.084x_4 + 0.090x_5 + 0.074x_6 + 0.010x_7 + 0.050x_8 + 0.010x_9 + 0.005x_{10} + 0.098x_{11} + 0.079x_{12} + 0.099x_{13} + 0.188x_{14} + 0.021x_{15}$$

因此,可以确定城市老年休闲满意度指标体系及其权重,如表6-13所示。

表6-13 城市老年休闲满意度指标体系(附加权重)

一级指标	二级指标	三级指标
城市老年休闲满意度	老年休闲效果评估(0.386)	X12兴趣爱好(0.079) X13增进亲情(0.099) X14年轻化(0.188) X15知识技能(0.021)
	社区休闲体验与休闲服务(0.261)	X1社区休闲空间(0.174) X4社区休闲设施(0.084) X5社区老年休闲管理(0.090)
	公园休闲体验与休闲服务(0.148)	X6健身效果(0.074) X7公园休闲设施(0.010) X8公园环卫(0.050) X9公园游憩设施(0.010) X10公园空间距离(0.005)

续表

一级指标	二级指标	三级指标
城市老年休闲满意度	老年休闲消费(0.107)	X2休闲消费水平(0.083)
		X3休闲项目收费(0.024)
	老年社会交往与情感(0.098)	X11社会交往(0.098)

四、小结

休闲生活满意度是一个相对的概念，它是老年人休闲期望值与最终获得值之间的匹配程度。休闲动机或休闲需求导致老年休闲行为的发生，从而达成休闲生活满意度，而老年人完成休闲目标的满意度又会对休闲动机进行反馈，产生新的休闲需求，由此循环往复。在本质上，休闲是预测社会满意度的一个重要指标，休闲与老年生活满意度之间具有正相关的联系，即休闲可以促进老年生活满意度的提高。

根据2010年抽样调查的结果，从总体来看北京市老年人的整体休闲满意度指数处在"中立"水平，与"满意"水平尚存在一定距离，因此北京市在老龄事业管理与老年休闲服务方面仍面临较大压力和挑战。

本章从影响老年人休闲满意度的五个维度（自我价值维度、人际关系维度、社会支持维度、休闲福利维度和自我感认知维度）出发，运用李克特量表法和层次分析法，通过方差分析、因子分析等工具，分析提取出影响北京市老年休闲体验与休闲感知的五个主因子：老年休闲效果评估、社区休闲体验与休闲服务、公园休闲体验与休闲服务、老年休闲消费和老年社会交往与情感，并在此基础上构建城市老年休闲生活质量评估指标体系，尝试对城市老年休闲体验与休闲感知的内在机理进行探索与挖掘。

第七章 北京老年休闲空间与设施规划的问题与建议

一、老年群体对休闲服务设施的需求细分

老年人的休闲生活质量与老年生活的方方面面都有着密切联系,毫不夸张地说,甚至可以细分到日常生活的衣、食、住、行。休闲本身就是一个综合的概念,很难界定这个概念的边界,因此在探讨休闲服务设施时,本书引用了休闲概念的外延定义,可以认为老年休闲服务设施即为老年人的休闲生活提供载体和介体的各种城市服务设施,它是以满足城市老年人的休闲生活特殊需求而存在的活动载体。

按照各种设施的功能与服务空间的差异,可以将老年休闲服务设施划分为几种不同的类型:生活服务设施、社会福利服务设施和市政公共服务设施。由于老年群体特殊的生理特征、心理特征以及休闲行为特征,他们对不同类型的休闲服务设施的需求也各有不同。

(一)老年人对生活服务设施的需求特点

1. 对休闲活动交流设施的需求

休闲活动交流设施是城市老年人在休闲活动中接触最多、需求最直接的设施,休闲活动交流场所的设计应满足不同健康状况、年龄

层次老年人的活动能力差异的需求。例如在老年人体力允许的范围内增设各种活动器械、乒乓球台、门球场等体育活动设施，在活动场地周围安排足够的座椅设施、饮水设备等，为老年人提供恢复体力的适宜条件。同时，在前文的分析中可知，北京市老年人进行休闲活动的动机之一是满足社会交往的需求，因此休闲活动交流场所应为老年人提供充足的社会交往空间，可以在老年人日常使用频繁的生活场所，如在茶室、棋牌室、小区出入口、便利店、超市、菜市场等建筑附近的室外空间和场所加设一些休息座椅，以便于老年人进行交流。

2. 对便利性服务设施的需求

与年轻人相比，老年人普遍记忆力、视力和方向辨别能力较差，因此在公共绿地、道路广场、出入口、道路交叉口等人流集中或必经的场所设置告示板或宣传栏等便民设施，可以大大便利老年人与社区的信息交流。在便利设施周围应有一定的空地，并安排有休息设施。同时，在适当的地方安置路标和交通标识也是很必要的，路标与交通标识应设在便于老年人选择方向的通道处，并按通向设施的最短路线布置。各种标志的大小与高度要合适并且醒目，以便于老年人识别。

3. 对户外设施的需求

安全性是老年人对户外设施的最大需求，城市中的公共活动场所应该在提高空间利用率的同时充分确保老年人户外休闲活动的安全。例如，对地面的防滑处理，通道设计中避免坡道或踏步等。另外，社区中的很多老年人日常活动都是以带小孩为主，因此老年活动空间与儿童的游戏设施也不应相聚太远，最好有所联系，以便于老年人对小孩的照顾。

(二)老年人对社会福利服务设施的需求特点

1. 对老年教育活动设施的需求

北京作为我国的文化中心,其老年人口的文化素质在全国各城市中也位居前列。老年人口文化素质的提升以及对提高自身知识技能的渴望,使得他们对城市的老年教育活动设施的需求日益旺盛。通过发展老年教育,可以促进老年人尽快适应退休后的闲暇生活,同时满足老年人与社会相融的需求,为老年人提供自我满足、自我实现的休闲教育。老年人上大学,旨在寻找精神寄托,如学习一门与自己专业相近的技能,或者是兴趣和爱好使然的休闲式学习等。应根据老龄人口的比例设置老人活动之家、老年人俱乐部、老年大学、老年综合服务设施等,并能适应不同经济条件、不同文化层次、不同生活能力的老人的不同需要。老人活动中心的设置也十分必要,中心内可设棋牌室、阅览室、球类室等,为老年人提供固定、舒适的娱乐场所,实现"老有所乐、老有所学、老有所为"。

2. 对养老机构的需求

随着北京市老龄人口的急剧增加和计划生育政策的深入,一方面,老年抚养系数将会越来越大,家庭养老所占比重也将会日趋缩小,对社会养老机构的需求则会越来越旺盛,充足的养老机构成为老龄化社会持续健康发展的重要保证。另一方面,养老机构的结构也要合理安排,讲究多元化,使得居家养老与社会养老协调发展,做到"老有所养"。

3. 对医疗设施的需求

随着年龄的增长,老年人去医院的次数逐渐增加,许多老年人须定期去医院治疗、体检等,由于身体的原因给这些老年人带来很大不便,所以,应在老年人的居住区内或附近设置医护站点,为行动不便的老年人解决看病、体检、打针吃药等困难。同时医护站点与医院保持长期合作关系,定期将居住区内老人的健康状况反馈给医院,使医院及时了解老人的病情,形成一个老年人医疗服务网络。此外,还应设立老年病预防与咨询中心、老年人康复中心等心理保健设施,真正使老年人从身心两方面做到"老有所医"。

(三)老年人对市政公共服务设施的需求

1. 对公共绿地的需求

从生理上分析,老年人需要到公共绿地呼吸新鲜空气、晒太阳、锻炼身体、愉悦身心、增进身体健康。因此,处处体现贴心关怀的绿色环境是老龄化社会所必需的。在具体设计中,不仅仅只提供绿地空间,还应尽可能满足老年人对各种娱乐活动的需求,创造一个使老年人心情舒畅,既能修身养性又能锻炼身体的良好环境。在公共绿地的区位选址上,应根据老年人的身体特点,确定公共绿地合理的服务半径,保证活动场地离居室较近,且方便安全。同时,还应满足动、静的不同需求,既要有敞廊、花架、亭子、树荫等形成的静态空间,又有开敞的场地为老年人提供交谊舞、太极拳、集体操等活动的动态空间,这样可以满足不同类型的老人的需要。

2. 对无障碍道路的需求

由于老龄人体质弱,反应迟缓,行动不便,某些方面接近残疾人的状况,因而老年人居住区内的道路应以方便、安全为主,道路要尽量减少高差,如有应设坡道能适应轮椅通过,考虑无障碍设计。小区内至少有一条道路满足不同状况的老人出行需要,用这条道路联结居室、部分公共建筑、公共娱乐场所、室外活动场地,这样以路为"线",单体建筑为"点"联成的网,为老年人提供参与社会活动的机会。

3. 老年人对公共服务设施空间布局的特殊要求

首先，公共服务设施的区位要有良好的可达性，这是由老年人的生理特点所决定的。老年人腿脚不便，不适宜到距离太远的地方进行休闲活动。一般认为可根据公共服务设施所服务的层次范围，将它置于相关区域的中心，或者是出入口处，这样容易形成服务于整个区域的"辐射中心"，同时可以提高设施的服务效率。或者，将公共服务设施尽可能安排在老年人日常出行的路线上，而无须专程前往。此外，老年公共服务设施的可达性还应包括连接住宅和设施之间通道的无障碍特征和通畅性。

其次，公共服务设施的空间布局应当在合理分级的基础上适当集中。在老年公共服务设施布局中，应依照设施的使用频率而将它们按其服务老年群体范围、服务半径及规模适当分级布置，从而形成一个由点到面的服务网络是十分必要的。设计时可以将居住区中的老年专用设施有效地集中起来，比如将老年生活服务中心、老年文体活动中心、老年康复医疗中心集中起来，这有利于不同活动内容在空间上的叠合；从而使老年人之间的多重交往成为可能。

二、北京市在应对老年休闲需求过程中尚存在的问题

(一)原有城市规划对老龄化趋势的预见性不足

人口老龄化对社会的发展将产生深刻的影响，并引发各种新的社会问题。北京市早已意识到这一问题的严重性，并在城市规划中有意识地加强规划引导。在从总体规划上，从全市的角度考虑设置市一级的养老院，如老年康复中心、老年人俱乐部、老年人服务中心

等,以满足"老有所养、老有所乐、老有所学、老有所为、老有所医"的需要。在详细规划中,对建立老年公寓、多样化的住宅类型的居住用地规划,对文化娱乐场所及医疗保健用地的公共建筑应包括进行了规划,同时对公共绿地、道路广场用地也进行了描述。可以说,北京城市规划对老龄化社会的到来已经做了一定的预见和安排。目前,面对人口老龄化不断加剧的新形势,北京市确定了"9064"养老发展战略❶,即到2020年实现90%的老年人是家庭养老,6%的老年人为社区养老,4%的老年人实现机构养老。

然而,原有城市规划对老龄化的预见性却略显不足。2005年,北京市出台了《北京城市总体规划(2004—2020)》,文中对公共服务设施做了一定的规划。为深入落实这一规划,北京市在2006年出台了《北京市居住公共服务设施规划设计指标(2006年)》,明确提出增设老年人生活服务设施等社会福利类设施。这次规划以第五次人口普查统计的60岁及以上老年人已占全市人口的12.5%为基础,预测到2010年老年人口将达到15%以上,2020年将达到20%以上,规划中提出要增设老年活动场站、托老所等设施,将"02指标"的5~10万人/处调整为5万人/处,而且根据预测对提高养老设施做了进一步规划,养老院从"02指标"的5万人/处调整为3~5万人/处,并提高了千人指标。但是,从目前北京市的老龄化发展趋势来看,老年人口所占的比重已经远远超出预测的结果,老年公共服务设施所规划的这些指标也已经完全不能满足日益加速的老龄化的需求。也就是说,原有城市规划对老龄化趋势的预见性不足,已与老龄化社会对城市休闲服务设施的需求之间产生了矛盾。

---

❶ http://www.chinanews.com/sh/news/2009/12-29/2043500.shtml. 中国新闻网,2009年12月29日。

(二)现有公园绿地供给与老年休闲需求失衡

由前文第三章第二节可知,当前北京市各区县老年人口的总体分布非常不平衡,人口老龄化的地区差异显著,在城市老年总人口分布上呈现出人口在内城区集聚、由内向外逐步递减的格局。其中首都功能核心区和城市功能拓展区(即东城、西城、朝阳、丰台、石景山和海淀六区)承载着全市约2/3的人口。

但是,从全市公园绿地的空间分布来看,根据2010年北京市第七次园林绿化资源普查结果报告,全市公共绿地共18069.74公顷,而城六区所含规划市区内公共绿地总面积约为6431.26公顷,占全市公共绿地总面积的比例仅为35.59%。由前文分析可知,北京市的城市老年人口大多数居住在四环以内,北京的公园绿地空间分布格局以郊区面积最多,且北部多于南部,西部多于东部,内城区二环内的公园虽分布密集但面积较小。也就是说,城六区作为全市老年人口的集聚区其休闲绿地的供给量与老年人口的需求量存在严重的比例失衡。中心城区公园条件优越、交通便利、配套设施齐全、管理规范且价格低廉,对城区老年人具有较强的吸引力,但是面对主城区几十万的老年人口,这些优质的绿地休闲资源存在供不应求的局面。公园绿地资源的紧缺状态势必造成老年人休闲生活质量的下降,导致更多的矛盾产生。

具体到各区来看,各个城区的公共绿地面积以海淀区最多,东城区最少,但东城区的公共绿地面积多占比例却并不低,比较来说,公共绿地面积比例最低的是丰台区,仅为1.3%,说明丰台区的公共绿地景观相对贫乏,对改善该城区的环境质量有一定制约作用,在提供居民休闲健身场所方面与其他几个区相比还存在一定差距(见表7-1)。

表7-1 北京市中心城区公共绿地结构

城区	所含规划市区面积(平方公里)	公共绿地面积(平方公里)	公共绿地面积所占比例(%)
西城区	50.63	3.40	6.72
东城区	43.03	5.76	13.39
朝阳区	467.43	22.95	4.91
丰台区	300.14	3.90	1.30
海淀区	413.78	21.48	5.19
石景山区	85.39	7.79	9.12
总和	1360.40	64.31	4.73

资料来源：郭子一，2009。

在配套建设指标方面，北京市虽然出台了《北京市新建改建居住区公共服务设施配套建设指标》要求对于新建、改建居住区的建设单位，要将养老服务机构的建设纳入建设工程规划设计方案并落实配套。但实际建设过程中，受到经济利益的驱使，老年人的社区公共活动场所特别是公共绿地往往被开发商改为其他用途，市中心的绿地面积越来越小，难以满足老年居民休闲活动的需求。这一方面是过快增长的老年休闲需求；另一方面是现有公园绿地的供给严重不足，二者之间的矛盾已经日益凸显。

(三)公园建设与管理中存在诸多问题

1. 活动场所定位不明，动态休闲与静态休闲活动相冲突

在对老年人进行满意度的访谈中发现，很多老年人对目前公园活动场所的功能定位存在诸多意见，主要矛盾是公园对于各个开敞活动空间的定位不明确，造成参与动态休闲活动的老年人与偏好静态休闲活动的老年人之间的冲突，抱怨主要来自于偏好静态休闲活

第七章　北京老年休闲空间与设施规划的问题与建议

动的这部分群体。

例如,很多老年人喜欢在公园阅读,并且在北京的各大公园已经形成一个公益性的组织,每周定期定点地举行古典文学作品的阅读活动。但是在阅读活动中却经常受到跳交谊舞和合唱(见图7-1)的老年朋友的干扰,从而导致他们的活动时间不得不往后推迟,只能等到跳舞和唱歌的人群散去才能进行自己喜欢的活动,休闲活动的时间受到制约,也影响了自身对休闲体验的满意度。还有一部分热爱养鸟的老年人,每天必须要遛鸟,为了避开每天上午跟傍晚的人群高峰时段,只好中午到公园寻找静谧的休闲空间。造成这一矛盾的主要原因还是在于现有公园休闲空间有限,并且基本上各公园没有对现有的休闲活动场所进行专门的定位和规划,多数都是老年人自发的组织活动,按照长期以来的活动习惯而对公园的休闲空间进行划分,从而导致老年人的休闲活动时间与空间都受到制约。

图7-1 公园清晨的大合唱

2. 公园的商业经营对老年休闲体验造成影响

公园作为城市里的公共福利设施势必具有社会公益的属性,现如今北京市的多数市民公园都是免费对外开放的,参与本次调查的12家公园中有4家免费开放,除天坛外其余公园的门票都在10元以内(见表7-2),价格并不高,而且老年人基本可以凭老年证免费入园或办理月票,出入非常方便。

表7-2 2002年参与本次调查的各公园门票价格表

公园名称	门票价格	老年人优惠政策
地坛公园	2元/人	持优待证的本市60岁以上老年人和持优待证外地来京60岁以上的老人半价优惠
青年湖公园	1元/人	同上
柳荫公园	2元/人	同上
北土城公园	免费	——
奥体森林公园	免费	——

续表

公园名称	门票价格	老年人优惠政策
紫竹院公园	免费	——
团结湖公园	免费	——
天坛公园	淡季10元旺季15元	65周岁及以上老年人凭本人老年优待证免门票费
北海公园	淡季5元旺季10元	同上
景山公园	2元/人	同上
八大处公园	10元/人	同上
玉渊潭公园	2元/人	同上

资料来源：根据2010年调研情况整理。

但是，公园在为市民提供公共福利的同时也为自身的经营发展带来很多问题，有的公园经营管理机构会利用公园场地和公共设施进行商业活动以谋取经济利益，这难免背离了公园免费开放政策的初衷。访谈中很多老年人反映，目前有的市民公园商业活动太过频繁，各种各样的展销会等举办太多，为老年人的休闲活动带来诸多不便，引起老年休闲者的普遍反感和不满。以地坛公园为例，该公园自2002年起每年都会举办2~3次大型书市，每次书市持续时间长达十几天，书市期间人潮涌动而且公园门票也会由2元涨到5元，对此，经常到地坛公园进行休闲健身的老年人非常不满，但是他们对此也很无奈，要么在书市期间选择到附近其他公园活动，要么缩短自己的活动时间以避开人流高峰期。不仅如此，地坛公园也经常举办类似相亲大会之类的商业活动，这些都为老年人的休闲活动带来了不便（见图7-2）。在访谈中也有部分老年人对于公园的经营管理者们利用公园的公共场所举办商业活动或商业会展的行为表示可以理解或者可以忍受，他们表示，如果公园管理者能够多组织一些摄影、书画、艺术等主题的文化展览，将会受到老年人的喜爱和热捧。

图7-2 地坛公园的商业活动

在公园的经营管理中令老年人不满的另一行为是公园经营管理者出于商业目的对公园景观的肆意施工改造。以柳荫公园为例（见图7-3），居住在附近小区的老年人反映该公园近几年常年都有施工改造工程，施工现场的噪声曾经引起周边小区居民的投诉，而且为了增加经济效益，公园管理者将公园中心位置的一个小岛肆意改建，将原本对外开放的公共休闲场所改建为收费的茶社，并且将一部分公共空间圈为私有的商业设施，大大缩小了原有的休闲活动空间，原本喜欢到该处进行合唱活动的老年人不得不另觅合适的活动场所，附近居民曾几度向公园管理机构抗议,但是这个问题都没有得到很好的解决,不仅公园的景观遭到破坏,更影响了休闲活动者的情绪和休闲体验。

图7-3 公园施工对景观造成破坏

3. 休闲服务设施的建设与管理不到位

城市公园的休闲服务设施建设水平能够体现出一个城市的建设理念和管理水准,休闲服务设施不仅要有数量的保证,更要注重建设质量和细节。以无障碍设施为例,我们在访谈中也遇到一些行动不便的坐轮椅的老年人,他们虽然腿脚不便,但是只要天气条件允许他们就会在家人的帮助下到就近的公园活动。很多老年人反映公园的无障碍设施在近几年得到大力改善,在很多公园主要干道上都增加了坡道等利于轮椅出行,但是很多景观小道都还维持以前的设施状态,未设置无障碍通道。以紫竹院公园为例,该公园夏天荷花盛开,吸引很多老年人前往公园赏荷,但荷花池边很多景观道路都是阶梯。我们在调查中偶遇一位坐轮椅的老人在家人的搀扶下很艰难地走到池边赏荷,而与此对比的是公园中不远处主路上的无障碍坡道,如图7-4所示,二者构成强烈对比,今后该公园休闲设施建设中应从休闲服务的角度出发,在细节处还应大力加强。

第七章　北京老年休闲空间与设施规划的问题与建议

图7-4　公园的无障碍设施建设对比

此外,调查中还发现,在目前北京市公园与社区的休闲服务设施建设与管理中还暴露出很多其他问题:公园的座椅数量不够多,位置设置不合理,很多座椅为了美观没有设计靠背,不利于老年人的休息倚靠;公园绿地的夜间照明系统配置不足,在基本照明的基础上未提供重点照明,尤其是城市公园出入口、台阶坡道、障碍物、道路交叉口及转弯处等地方,应该增加照明设施以便于老年人对景观深度和高差的辨别等等。比较突出的问题主要集中在休闲健身设施的维护不到位方面,多数老年人反映自己居住的小区都配备了现代化的健身设施,但问题是一方面设备的数量有限,而且健身设施经常被年轻人和小孩占据,另一方面健身设施由于使用不当或年份已久,部分已损坏却迟迟没有得到很好的维护,在访谈中笔者发现这种健身设施"有人建无人修"的现象并不是个别问题,而是在很多小区都存在,只是设施的损毁程度有所区别而已(如图7-5所示)。

图7-5 社区中被损坏的休闲健身设施

(四)老年服务设施的结构与老年社会需求结构的矛盾

城市老年服务机构的发展是一项复杂的系统工程,面对人口老龄化进程以及社会日益增加的老年休闲服务需求,北京市的老年服务机构发展还面临着一系列的问题需要解决。从目前的发展水平来

看,北京市现有的老年休闲服务机构与老年社会需求之间在宏观层面存在以下矛盾:

1. 老年休闲设施和服务供给不足与需求增长过快之间的矛盾

老年人体弱多病,对卫生保健方面的需求最为强烈,希望能就近看病就医,社区医疗服务成为社区老年服务的核心需求。目前,北京市的社区医疗保健机构特别是老年人心理咨询中心仍存在严重不足。不仅如此,北京市的老年教育设施建设也存在明显不足,截止到2011年底北京市的老年大学仅有68家(见附表2),而且各区的老年教育机构明显分布不均。在北京市现有的68家老年大学中有26家位于内城区(东城、西城),占到全市总数的38.2%,近郊区(朝阳、海淀、丰台、石景山)共有32家,占全市总量的47.1%,而远郊区县(其余十个区县)仅有10家,各区分布不均现象显著,优势老年休闲教育资源呈现在内城区和近郊区集聚的分布状态。一方面是老年教育服务机构和设施总量短缺,有效供给不足;另一方面却是潜在的对老年休闲教育资源的巨大需求。有限的老年学校、老年活动中心,以及老年协会显然远远满足不了北京市广大老年群体的精神文化需求。

此外,北京市在无障碍道路建设、公园老年公共设施配备、绿地生态环境的营造等方面也存在一定的缺陷和不足。街道(乡镇)管理敬老院、老年活动室、托老所等房屋陈旧老化,设备不够齐全,亟须维修改装,而且由于许多老年设施都是利用原有现房改建而成,存在设计不规范、不科学问题,难以适应老年人的需要。

2. 养老配套设施布局与老年人口居住空间分布之间的矛盾

养老配套设施是老年服务设施的重要组成部分,也是老年休闲服务设施正常运营的重要保障,同时,完善的配套设施也能为老年人提供温馨的居住环境和理想的休闲空间。然而,北京市在规划过程中还没有充分考虑养老设施的配套,这与北京市老龄人口的快速递增是不相适应的。国外及其他大城市的经验表明,在一定规模的居民居住群里,应该配备有一定规模程度的养老配套设施。

从养老服务设施的建设情况来看,北京现有的养老服务设施与老年人口的分布形成了空间错位。就整体而言,城区养老服务需求巨大,而机构数量和床位严重匮乏,内城区(东城、西城)百名老人拥有的养老床位数不到0.5张。土地资源约束、建设成本高、空间有限以及认识上的偏差等因素是阻碍城区养老服务机构发展的主要原因。而偏远区县,如房山、平谷、怀柔、密云、延庆等则相对过剩。从具体的区域分布上看,内城区(东城、西城)、近郊区(朝阳、海淀、丰台、石景山)、远郊区县(其余10个区县)3个区域内每百名老人拥有养老床位数分别为0.29张、1.4张、3张。从入住率来看,2008年,北京市床位合计39994张,有22846名老人入住,入住率为57.1%。造成如此低的入住率,主要原因就是养老服务机构的整体布局不够合理。中心区养老机构规模小、拥有的床位少,老人入住困难,如北京市第一福利院床位早已住满,而目前登记排队的老年人数已超过1000人,而偏远区县特别是交通不便、整体环境欠佳的远郊山区,养老设施入住率极低,致使北京市养老设施整体入住率偏低。因此,全市形成了养老设施供给不足与设施利用率低共存,资源短缺与浪费并存的尴尬局面,加快养老配套设施的规划与发展是缓解这一矛盾的必然选择。

三、国外应对老年休闲问题的案例和基本经验

人口老龄化作为一个全世界共同面临的问题,无论在发达国家还是发展中国家都是共同面对的重大课题。就世界范围来看,无论是欧洲的法国、英国、德国,还是北美的加拿大、美国,以及亚洲的日

本等发达国家,都在应对人口老龄化尤其是老年休闲方面都取得了一定的成绩,积累了丰富的经验。北京作为一个国际型大都城,在城市发展中面临的压力与国外其他大城市存在共同之处,因此,借鉴国外其他国家或城市在老年休闲管理与组织方面的经验,对于北京市的和谐发展是十分必要的。

综合来看,在这些成绩背后的经验中值得我们学习和借鉴的主要体现在老年休闲管理主体的综合化、管理形式的网络化、保障体系的多样化、服务内容的多样化等几个方面。

(一)老年休闲管理主体的综合化

老龄事业作为一个国家社会保障体系的一个重要内容,离不开政府的强力支持和政策引导,欧美各发达国家都设有专门的老龄事业管理机构由政府统一组织管理。在加拿大,帮助老年人维护健康和独立性的计划多种多样,大部分都由政府资助。除了国家医疗保险计划所规定的公费医疗项目外,各省和地区政府还为年满65岁的老年人提供额外的公费医疗项目和完善的社区护理服务体系。老年人可获得联邦养老金、收入保障补贴、养老年金、残疾人补贴、配偶津贴、丧偶者补贴、加拿大退休金计划,还有高龄税项减免及退休金收入税项减免,同时专门针对老年人的家庭和社区支持性服务也主要是由政府资助的。

此外,积极发展社区为老服务体系,充分发挥社区的基层组织功能是发达国家为老服务的一人特色。各国都重视加强社区的老年服务功能,使老年人尽可能地居家养老,在社区中安度晚年。

在德国就设有专门的社区照护机构——"邻里之家",该机构从属于德国独立社会福利协会联合会,并与省、市、区各级政府的卫生、社会福利事业部门发生业务关系。它是自我经营、自我管理、自负盈亏的独立单位,同时其活动得到政府的一定资助与监督。"邻里之家"为社区居民举办活动目的在于改善居民的生活条件,提高他们的生存能力,特别是帮助居民通过自己的努力去争取自己的利益。为老年人提供的服务包括:托老所、老年人俱乐部、学习拍录像、旅游、送护理上门、送饭上门等各类日常生活及文化娱乐服务。

法国政府提倡老年人更多地在社区内生活,政府大力发展老年住宅社区,大力开展社区为老服务,主要包括单个方面:生活服务、医疗保健服务和休闲娱乐服务,为老年人的身心健康和社会交流提供条件,这种老年社区充分体现了老年人养老与提高生活品质的结合,它与传统的养老院和老年公寓有着本质区别。

美国也是提倡社区养老的国家,社区中设有多功能老年中心(Senior Center),这是美国60岁以上老年人重要的聚会活动场所,目前全美约有19000所老年中心,有些属于营利组织,有些属于非营利组织,还有些带有政府机构性质。它为老年服务、信息传递、健康促进、社交活动提供了重要平台,多数老年中心通过与州、区政府老龄办签订为老服务合同,承担相应的社区服务责任,并可依照美国老年法的规定获得项目拨款。

因此,政府机构—社区—非政府机构(包括各类公益机构和营利性为老服务机构)协同管理、共同构成老年休闲管理的主体体系,在各级层面上发挥着各自的作用。

(二)老年休闲管理形式的网络化

依托现代化的信息体系和网络建设,建立良好的信息传递和支持服务对于健康和积极老龄化,以及在老年人进行休闲活动时能及时有效地获得相关信息和服务是至关重要的。国外许多国家在老年的信息化、网络化建设方面起步较早,现代化水平较高,值得我们借鉴和学习。

在大洋洲,澳大利亚联邦政府通过一系列宣传媒介(电话指南、宣传手册、宣传单、网站和商店铺点等),以普及率较高的语言为老年人提供信息服务,并且有为聋哑人提供的专门信息服务以及为非英语母语人士提供的翻译服务。同时,各州政府和基层政府以及许多服务提供商也提供相关的老年信息查询服务。澳大利亚联邦政府设有专门的老年人门户网站www.seniors.gov.cn,另有www.agedcareaustralia.gov.cn网站提供关于老年照料服务,以及如何让获得政府机构和非政府组织照料服务的信息查询,每个月大约有15500人次的访问量。联邦政府还设有老年照料信息查询热线,内容涵盖各种类型的老年休闲服务,如可供选择的休闲服务品种及怎样获得等,每星期大约有2000个咨询的电话打进来。联邦老年照料联络中心分布在横跨澳大利亚的54个商铺里。从2008年开始,每个州都要设立容易识别的接触服务示范点(Access Point),为老年人提供相关的信息服务,以便选择自己的社区养老方式,老年人和他们的照料者能够接触某个他们最方便接触到的信息服务提供点,这个服务店将对他们的需求进行评估。对他们获得某种服务的资格进行评估,提供相关的服务项目信息,然后向他们推荐最适合他们的服务提供商。

在欧洲,电脑和网络也成为越来越多老年人获取新鲜信息、保持年轻心态、加强沟通表达、从而丰富生活的新工具。据一项研究报告称,德国目前60岁以上的居民中约有1/3热衷于网上冲浪;60~70岁的群体中,每3人就有1人上网。

美国早在1982年就建立了老年人服务与信息系统(Older Adult Service and Information System, OASIS)[1],目前由美国联邦连锁百货商店、五月连锁百货公司基金会和BJC保健护理组织主办,分布在全美

---

[1] 美国的"老年人服务与信息系统"官方网站地址:http://www.oasisnet.org/.

26个城市约30家购物中心和连锁店,总部设在圣路易斯。该系统以"丰富老年人的生活"(Enriching the Lives of Mature Adults)为宗旨,为希望活跃于社区并愿意为社区做贡献的老年人提供富有挑战性的艺术、人文学科、健康、技术等领域的项目和志愿者服务,为老年个体的继续发展创造机会,OASIS目前为近35万的美国老年人提供服务。为了验证电脑和远程技术可以改善老年人的生活,美国的Markle基金会于1986年建立了老年人网络(Senior Net)❶,专供60岁以上的老年人使用,旨在通过信息技术为老年人提供教育和学习资料,提升其生活质量并促进其多参与社会、交流经验、分享彼此的聪明才智,同时增加社会信息传递并弥补因代沟产生的隔阂。老年人网络目前在美国及其他一些国家设有240多个学习中心,其成员通过该网络可以获取到所需的计算机、网络运用知识;参加网上组织的各种老年问题论坛;享受网络医疗保健服务等等。同时,可以在网上学习和教他人使用计算机和通信技术完成各种任务,如冲洗照片、处理图片、收发邮件、写博客日记、投资理财等。

(三)老年休闲保障体系的规范化

国际上很多国家的老年行政机构都是伴随着与老年人相关的立法而设立的,在老年事业管理中以立法为行为规范,以行政为主要框架是发达国家的传统,体现出依法行政的特征,使得老年休闲保障体系从一开始就朝着规范化、法制化发展。

美国的老龄工作起步早,法制健全,机构完整,为老服务项目的经费拨划、技术标准、行政支持等都由《美国老年法》等法律授权,具体项目的针对性、服务性、实效性很强,并且每个项目都有具体的量化指标便于评估和监督。目前美国已经形成一套完整的从立法到行

---

❶ "老年人网络"官方网站地址:http://www.seniornet.org/.

政、从联邦到基层、从政府到非政府组织、从专业队伍到志愿者(包括老年志愿者)、从社区到养老机构的老龄工作保障体系(见表7-3)。在联邦老龄署的统筹安排下,每个涉老组织作为老龄工作保障体系的一个节点都具有不同的功能。在立法方面,除了联邦政府的《社会保障法》《美国老年法》《禁止年龄歧视法》等法规,各州都享有一定的立法权,很多州在联邦立法的基础上又出台了诸多保护老年人权益的法律法规,这些联邦、州和地方法律法规体系构成了美国老龄工作保障体系的法律的基础。

表7-3 美国的老龄工作保障体系

	立法	行政	社会力量
联邦	《美国老年法》《社会保障法》其他法律	HHS,USDA NIA,其他机构 老龄署	29000多个社区服务组织
州	各州法律	56个州老龄办	50多万志愿者各种养老机构为补充
地方	地方法律	632个区老龄办	
社区	家庭、社区养老为依托	19000个项目点	

注:HHS:卫生和社会服务部;USDA:农业部;NIA:美国老龄研究所。

日本的老年福利服务和老年管理也有充分的法律保障,1989年《老年人保健推进计划》即《黄金计划》作为新的老年照料系统的一部分开始实施,照料管理措施被引进。照料管理措施指出要针对需要支援的老年人和其家人的需求而提供社会保障,提供保健、医疗、福利、休闲等形式服务和对家庭、邻里、义务劳动者的支持。此外,为推进老年人居住环境的无障碍化和住宅的合理设计,2000年和2001年还相继颁布了《无障碍交通法》和《老年人居住(住宅)法》,对于建设适宜老年人居住的人居环境给予充分保障。

瑞典议会2000年5月通过了一项名为"从患者到公民：行动不便者政策的国家行动计划"的政府法案，拟定了一系列的措施改善行动不便者参与社会生活的可及型。在进行住房规划时，瑞典的市政府被要求确保住房改造要满足老年人的需要，同时，老年人所居住的房屋和地区一定要出行便利，以便老年人很容易获得商业和公共服务。

（四）老年休闲服务内容的多样化

欧美的国家都十分注重老年人的社会参与，而且休闲服务的内容也多种多样，休闲服务具有很强的群众性、灵敏性和创新性，以满足老年人的生活需求为前提，深入到老年人日常生活的方方面面。

澳大利亚政府极力创造适于老年人生活的城市环境。在澳洲公共场所的走道、厕所、停车场等处，都有专门设计给老年人的位置。从衣食住行到服务业、金融业，也都有多种针对老年人的专项服务。低糖、低脂、低盐、高钙、高纤维的食品很容易买到；考虑到老人身体和手脚不够灵活，服装设计讲求舒适，穿脱容易；住宅内的用品包括家具、卫浴产品等，都注意安全、操控简易。老年人外出乘车半价，包括救护车也对老年人优待。

联邦德国体育联盟1970年委托红十字会推出"促进老年人参与体育运动项目"——"Keep Fit"，主要目标旨在尽可能让老年人保持独立生活能力，提高身心健康水平与社会适应性（周兰君，2009）。"Keep Fit"项目包括一般身体锻炼、水上锻炼、老年集体舞和瑜伽等4项活动，老年人在老年体育指导员指导下参加体育锻炼。

西班牙专门为低收入老年群体推行的老年度假项目持续了20多年，约有100多万西班牙老人受惠于此项目。此项目首先惠及西班牙国内数量日渐增多的、60岁以上低收入的老年人，其次是开发除夏季（西班牙旅游旺季）以外的旅游经济。

法国是世界上第一个老年型国家,老年人的生活丰富多彩。法国开设有专门的老年人电台,节目根据老年人的需要设置,有音乐、电影剪辑、旅游风光、园艺、生活顾问、法律常识等。在法国还有专门为65岁以上老人准备的"第三年龄幼儿园","入托"老年人均由工作人员接送,集体学习老年保健知识。法国也于2008年在国家旅游局支持下启动了老年度假项目,使低收入的法国老年人能够获得由AN-CV(国家支票度假社,Agence Nationale pour les Chèques-Vacances)直接提供的经济资助以及由专业旅行机构提供的交通优惠。法国的老年教育也比较正规,世界上第一所老年大学就是由皮埃尔·维勒斯教授创立的法国图卢兹第三年龄大学。老年大学采取政府投资型的办学模式,目前开设的课程除了文学、艺术、体育、法律等,还开设有社会学、老年学课程,增强老年人的理论研究,法国的老年大学跟别国不同,都是由普通大学开办的,很多时候老年学员跟年轻的大学生一起上课。

四、北京老年休闲空间与设施规划的相关对策建议

(一)北京市老年休闲空间与功能优化

城市老年休闲空间是城市老年居民日常休闲生活的场所,与老年居民的日常生活息息相关,能满足老年人亲近自然、社会参与和休闲娱乐的愿望,有益于老年人的身心健康。老年休闲空间的功能和布局在很大程度上决定了老年居民的休闲模式,直接影响到城市老年人的休闲生活质量,对于满足老年群体的生理和心理需求具有十分重要的意义。

1. 老年休闲空间的特征分析

老年人是城市老年休闲空间的使用主体,相对于中青年人来说,他们拥有的闲暇时间较多,对休闲活动的需求较大,同时根据老年人的生理特点,老年人的休闲空间也应具有鲜明的特征。

(1)无障碍、安全化的特征。

老年人最主要的生理特点是身体行动不够灵活,即使是健康状况良好的老年人也很难与中青年人的身体素质相当,因此,对于休闲活动空间的便利程度和安全问题是老年人考虑的首要因素,尤其是对于腿脚不便的老年人来说,无障碍的休闲空间就更加重要。同时,为了便利老年人的出行,老年休闲空间通常都分布在老年人的居住社区或距离社区不远的地点。

(2)生活化、程式化的特征。

老年人的休闲活动最大的特点就是规律性,前文也曾提到这一点,在访谈中遇到很多老年人只要身体状况或者天气情况允许,就一定会每天按时到固定的休闲地点活动,一旦老年人经过比较选择后确定了自己的休闲场所,通常不会改变,特别是参与户外休闲活动时,休闲时间和参与人员也相对固定,休闲已经成为他们日常生活中不可或缺的一部分。另外,社区休闲场所或市民公园的实体建筑建成后,短时间内一般不会有较大变化。因此老年休闲空间呈现鲜明的生活化、程式化特征。

(3)公益性、开放性的特征。

受经济收入和消费习惯的影响,老年人偏好的休闲空间通常带有一定的公益性质,要么免费开放,要么只象征性收取小部分费用,而且活动场所几乎是全天候对外开放,方便不同作息习惯的老年人使用,体现出相当大的社会福利功能。

2. 老年休闲空间配置模型

按照休闲空间的特征和不同功能属性，可以构建理想的老年休闲空间模型，如图7-6所示，老年休闲空间可以细分为三个级别。按老年休闲活动发生场所的私密性质可以分为居家休闲空间和户外休闲空间，居家休闲空间通常包括私人住宅或庭院等，休闲活动以益智类、日常劳动类为主；多数老年人的休闲活动都是在户外休闲空间进行，这里的户外休闲空间广义上也包括了户外的封闭场所，如体育馆、游泳馆、老年活动中心等实体建筑。由户外休闲空间进一步细分，可划分为社区休闲空间、公园绿地和旅游空间，这三种空间类型以老年人的居住地为中心在空间距离上逐级向外延伸，在空间规模上逐级向外扩展，休闲方式以康体类、怡情类、社会交往类、学习类为主。在这三种休闲空间的基础上作进一步的细分，即可得到老年休闲的三级空间，基本涵盖了目前老年人的休闲活动空间类型。

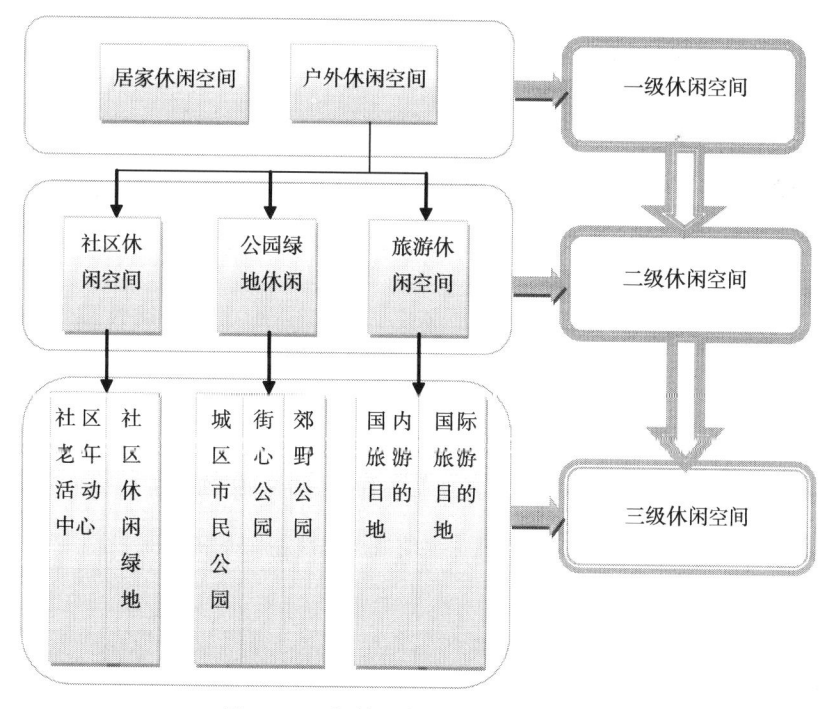

图7-6 理想的老年休闲空间配置模型

(二)北京市老年休闲空间改进的相关建议

当前老龄化社会出现的新型老年休闲特征,以及城市规划中存在的一系列问题,使得北京的城市规划和建设面临着严峻的考验。为了应对新时代背景下的挑战,适应未来不断变化的老年休闲需求,北京市必须重视老年休闲空间和休闲设施的规划工作。

根据国内外的实践经验和北京的实际情况,对北京市老年休闲空间和设施规划的改进提出以下几点建议。

1. 调整老年休闲空间布局,实施区域差异化发展战略

从宏观层面上来看,当前北京市的老年休闲空间布局与老年人口分布之间的矛盾是影响北京市老年居民休闲生活质量的主要因素,但是,要在短期内解决这一矛盾并不现实,主要原因有:首先,在公园绿地空间方面,受到北京城区土地和空间资源的约束,北京市公共绿地空间布局调整的难度非常大,在北京市四环范围内已经很难再增加大规模的公共绿地空间以满足内城区密集的老年居民的休闲需求。其次,北京市目前的老年人口分布形势是社会经济和历史因素共同作用发展的结果,无法进行人工干预调节,不可能人为地将内城区的老年人口迁到远郊区居住。

因此,北京市老年休闲空间布局调整应该采取区域统筹布局和差异化发展的战略(见图7-9)。在现有的老年休闲设施的基础上,首都功能核心区要充分挖掘本区域潜力,发挥现有公共绿地空间的休闲功能,调动闲置的老年休闲设施和资源,全力保障城市中心地区密集老年人口的休闲服务质量;城市功能扩展区和城市发展新区在满足本区域老年休闲服务需求的同时,加快拓展老年休闲服务空间,扩大服务范围;生态涵养发展区应充分依托自然条件和地域优势,大力开发新型老年休闲空间,引导投资建设市场化、现代化的为老服务机构。由此打造北京市老年休闲空间的新布局:中心城区的老年休闲

服务重点保障圈、城乡结合区的老年休闲服务供给拓展圈和远郊区县的老年休闲服务市场特色圈(图7-7)。

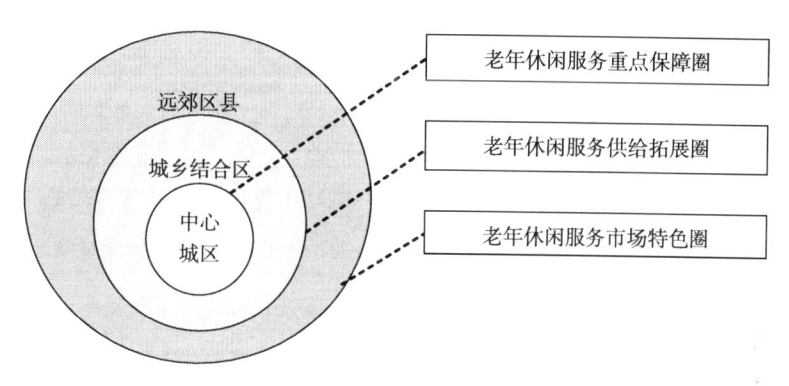

图7-7 北京市老年休闲空间布局战略

2. 发挥郊区地域优势,积极推动"市内异地养老"

异地养老是指老年人离开现有住宅,到外地居住的一种养老方式,异地养老其实质是移地养老,我们可以把北京中心城区的老年人到郊区养老称为"市内异地养老"。

在北京实行"市内异地养老",可以充分利用城市郊区空间开阔、生态环境优美的优势,合理规划老年人的医疗服务、社区服务、休闲服务等相关产业,加速城乡一体化建设步伐。通过实施"市内异地养老",可以有效整合区域间的养老资源。通过在北京郊区建设设施配套、管理有序、环境良好、收费适中的现代化养老机构,可以利用移入地和移出地的生活成本差距,实现养老资源在不同地域间的融合重组和优化,节约养老成本,缓解中心城区养老资源不足的压力。不仅可以把一部分中心城区老年人分流到郊区,还将吸引不少第三产业服务人员向老年人聚集区靠拢,这样就可以实现人口的分流,减轻北京市中心城区的压力,实现老年人口的合理流动和平衡分布。

对于老年人个体而言,"市内异地养老"也符合老年人的生理健康需求。通过这种方式,可以使老年人摆脱中心城区的繁华嘈杂,享受到清新的空气、纯净的水质和新鲜的食物,同时还可以享受更加开阔的休闲活动空间,在这样舒适的环境中安享晚年生活,对老年人的身体健康大有裨益。根据北京市老龄工作委员会办公室的调查结果显示,约有1/5的北京城市老年人能够接受异地养老,还有1/6的老年人对异地养老的态度尚不明确,这部分老年人将在很大程度上根据政策条件来决定其选择❶。如果出台异地养老的利好配套政策,那么将会有1/3的老年人愿意尝试,北京的"市内异地养老"模式存在较大的发展空间。

因此,着眼于北京人口老龄化加速发展的基本趋势以及城市土地资源越来越稀缺和昂贵的事实,提前做好郊区养老设施的规划,在北京郊区打造养老产业集聚区,推动"市内异地养老"势在必行。

3. 改进城市规划体系和现有规范,住区规划与社会规划相结合

为了适应人口老龄化的需求,近几年我国相关部门曾在《城市居住区规划设计规范》等规范的重订过程中专门做了局部调整。2002年建设部对1993年开始实施的《城市居住区规划设计规范》进行了修订。住宅设计中,新《城市居住区规划设计规范》中增加了"宜安排一定比例的老年人居住建筑"的规定,同时增加了"老年人住宅日照水平不应低于冬至日日照2小时"的规定(高于普通住宅1小时的标准)。在公共设施标准中,增加"社区服务类"类别,将公共设施由七类扩展为八类。医疗类公共设施建筑面积和用地面积指标分别从

---

❶ 2005年7月,北京市老龄工作委员会办公室在专项抽样调查中设计了老年人异地养老意愿的问题。此次调查采用分层、PPS抽样等方法,样本点涉及4个区县、13个居(村)委会,加权后,获得有效问卷1215份。调查显示,有62.5%的老年人表示不愿意到外地或郊区养老,有21.3%的老年人表示愿意,有16.2%的老年人没有表示明确态度,对异地养老持观望态度,他们的决定取决于个人近况和配套政策。

60~80和100~190提高至78~198和138~378。文化体育类公共设施中增设老年人活动场所等项目。增设社区服务类公共设施,包括老年人服务中心、养老院、托老所、残疾人托养所等项目(见表7-4)。

但是新规范对像北京这样的国际型大都市城市而言,其在应对急速、大规模、高龄化的老龄人口的压力仍显不够。因此,有必要继续反思现有规划制度的体系和内容,并在地方层面上完善适应老龄化社会挑战的居住规划理论和方法,争取使北京城市规划的理论和实践在应对老龄化挑战方面走在全国的最前沿。为此,考虑到现有《城市居住区规划设计规范》为全国性规范,在应对老龄化社会挑战方面仍显不足,可以在不违反《规范》原则的前提下,根据北京的实际情况出台地方性的规划设计补充规范。

同时,可以考虑将住宅区规划与社会规划相结合,将居住区规划向社区规划延伸,把"社区"建设作为住宅区规划的深层次的研究课题,将住区视为整个社会发展与运动的一部分。"住宅区"成为"住宅社区",设施的配置和服务趋于社会化,从而使住宅区的功能结构趋于更加复杂。从老年学、社会学、心理学、美学和医学等新角度来研究和设计老年人的住区环境,满足老年人在生理、心理和社会方面的种种特殊需要,建设"社会型"住宅,为老年人的日常活动和社会交往创造便利条件。

表7-4 《城市居住区规划设计规范》关于老年公共服务设施的内容调整

老年公共服务设施	1993年		2002年	
	项目有无	建筑面积（平方米）	项目有无	建筑面积（平方米）
护理院	—	—	+	3000~4500
居民健身设施	—	—	+	—

续表

老年公共服务设施	1993年		2002年	
	项目有无	建筑面积（平方米）	项目有无	建筑面积（平方米）
社区服务中心（包含部分老年服务设施等）	—	—	+	200~300
养老院	—	—	+	—
托老所	—	—	+	—

注："—"表示无此项目，"+"表示增设项目。

资料来源：根据1993年和2002年的《城市居住区规划设计规范》整理而得。

4. 加强公园休闲空间的组织与管理，注重社区休闲与公园休闲的功能互补

在公园绿地休闲空间进行调查访谈中发现，老年人对公园休闲设施和环卫设施的满意度普遍较高，但是对公园空间内老年活动的组织与管理满意度较低，参与群体休闲的意愿不高，主要原因在于各大公园都缺乏老年休闲活动的组织引导，老年人参与休闲活动都源于自发动机或民间组织，活动场地与活动时间都受到一定制约，因此，公园管理者应加强对老年休闲活动的组织管理，在组织管理中重点满足老年人的社会交往需求，重视老年人的精神健康和情感满足，真正体现"以人为本"的和谐社会建设理念。

同时也应注意到，公园绿地空间虽然是老年休闲的理想场所，但毕竟北京市区现有的公园数量和公共绿地面积有限，而且由前文分析可知，这些公园绿地的空间布局与老年人口的分布存在失衡问题，远远不能满足城市激增老年人口的休闲需要。而社区绿地空间符合老年人离家近、出行便利的休闲偏好，应该是未来老年休闲的主要活动场所。然而目前北京很多社区绿化率较低、健身设施得不到及时维护而被弃用的现象严重,导致社区的健身休闲功能缺失,从而使得社区居住的老年人不得不到公园进行健身活动,公园人流量激增、休闲设施供给有限的情况下,老年人休闲活动的质量自然下降,休闲满意度大大降低。因此,在城市规划过程中,应强化社区层面对老年人的人文关怀,加快社区全民健身工程的建设步伐,按照社区人口合理增加社区的休闲设施与健身设施,使得社区的休闲功能与公园的休闲功能有效结合,以满足未来不断增长的城市老年休闲需求。

五、小结

老年人的休闲生活质量与老年生活的方方面面都存在密切联系,由于老年群体特殊的生理特征、心理特征以及休闲行为方式,他们对不同类型的休闲服务设施的需求也不尽相同,研究这些不同需求对于北京市的老年休闲设施建设至关重要。为了应对新时代背景下的挑战,适应未来不断变化的老年休闲需求,北京市必须重视老年休闲空间和休闲设施的规划工作。目前,我国正在大力倡导建设"内需型社会",因此,就人口老龄化背景下的城市规划工作而言,建立以需求为导向的老年休闲空间与休闲设施规划机制恰恰顺应了时代的发展,势在必行。然而,受到历史因素和原有城市规划空间的制约,北京市内城区的老年休闲发展空间有限,公园绿地空间与老年人口分布失衡,在市民休闲公园的建设与管理中存在诸多问题,城市老年服务设施与老年社会的休闲需求之间存在结构性矛盾。从城市规划的角度来看,全力拓展社区休闲空间、全面开发社区休闲功能是解决这些问题的有效途径,这也符合北京市提出的"9064"养老服务新模式的宗旨。拥有高质量的晚年休闲生活,与我们每一个人的切身利益都息息相关,若要从根本上解决城市老年休闲问题,提高老年休闲生活质量,仅仅依靠规划部门的工作是远远不够的,需要社会各界的共同关注和协同努力。

参考文献

一、中文文献

北京市人口普查办公室.2005.世纪之交的中国人口:北京卷[M].北京:中国统计出版社:12-13.

蔡丹丹.2007.长沙市老年大学学员休闲现状及休闲参与障碍分析[J].科协论坛(11):156-157.

曹丽晓,柴彦威.2002.上海城市老年人日常购物活动空间研究[J].人文地理(2):50-54.

柴彦威,刘璇.2002.城市老龄化问题研究的时间地理学框架与展望[J].地域研究与开发(21):55-59.

柴彦威,李昌霞.2005.中国城市老年人日常购物行为的空间特征:以北京、深圳和上海为例[J].地理学报60(3):401-408.

陈勃.2008.人口老龄化背景下城市老年人的社会适应问题研[J].社会科学(6):89-94.

陈朝霞.2009.小城镇老年人散步递增现象探因[J].武汉职业技术学院学报(8):41-43.

陈金华,李洪波.2007.历史文化名城老年人口休闲行为研究:以泉州市为例[J].泰山学院学报29(2):78-83.

陈明建,邢伯壮.2001.当代中国老年文化心理与老年闲暇文化论[J].新东方(10):84-87.

陈志霞.2001.城市老年人的生活满意度及其影响因素研究:对武汉市568位老年人的调查分析[J].华中科技大学学报(社会科学版)15(4):63-66.

丁俊清.2002.休闲绿地:一种新的园林形式[J].城市规划汇刊(5):8-70,73.

董玛力.2008.城市传统商业中心发展和转型研究[D].北京:中科院地理所:74.

[美]凡勃伦.蔡受百,译.2009.有闲阶级论[M].北京:商务印书馆.

冯晓黎,等.2002.长春市老年群体生活满意度及其影响因素分析[J].中国老年学杂志22(3):86-87.

风笑天,赵延东.1997.当前我国城市居民的闲暇生活质量:对武汉市1008户居民家庭的调查分析[J].社会科学研究(5):91-98.

傅桦.1998.老龄人口地理研究的基本内容[J].首都师范大学学报(自然科学版)(19):82-89.

高天星.2001.论老年文化的价值与功能[J].黄河科技大学学报3(1):110-115.

郭子一,徐峰.2009.城市老年休闲绿地研究综述[J].城市问题(8):93-97.

阚霆.2009.老龄社会呼唤居家养老新模式[J].工会博览(6):23-24.

汉语大词典编辑委员会,汉语大词典编纂处.1986.汉语大辞典[M].上海:上海辞书出版社.

[美]杰·索科洛夫斯基.2008.步入盛年的老龄化人类学研究[J].云南民族大学学报(哲学社会科学版)(26):43-46.

靳飞,薛岩.2005.从我国人口老龄化社会中养老模式的选择谈居住区规划设计[J].安徽建筑(1)7-8.

阚霆.2009.老龄社会呼唤居家养老新模式[J].工会博览(6):23-24.

李斌,夏青.2006.老龄社区:未来中国城市养老新模式[J].青岛理工大学学报27(1):89-92.

李洪心,高威.2008.中国人口老龄化对消费结构影响的灰色关联度分析[J].人口与发展(14):67-72.

李建新.2004.社会支持与老年人口生活满意度的关系研究[J].中国人口科学(增刊):44-47,174.

李建新.2005.国际比较中的中国人口老龄化变动特征[J].学海(6):15-19.

李建新.2007.老年人口生活质量与社会支持的关系研究[J].人口研究(3):50-60.

李建新.2007.社会、个体比较中的老年人口生活满意度研究[J].中国人口科学(4):65-73.

李锡然.1998.老龄化城市无障碍绿色步行系统分析[J].城市规划(5):47-48.

李秀丽,王良健.2008.我国人口老龄化水平的区域差异及其分解研究[J].西北人口(29):104-107.

李峥嵘,柴彦威.1999.大连城市居民周末休闲时间的利用特征[J].经济地理19(5):80-84.

李宗华.2009.老年人社会参与的理论基础及路径选择[J].山东省农业管理干部学院学报23(4):92-94.

李宗华.2009.近30年来关于老年人社会参与研究的综述[J].东岳论丛(30):60-64.

林宝.2009.人口转变完成后的中国人口老龄化[J].西北人口(30):19-22.

林琳,马飞.2007.广州市人口老龄化的空间分布及趋势[J].地理研究,(26):1043-1054.

林艳,陈章明.2007.社会互动与老年人生活满意度相关性研究[J].中国老年学杂志(6):1196-1197.

刘峰,施祖麟.2002.休闲经济的发展及组织管理研究[J].中国发展(2):47-49.

刘广鸿,罗旭.2006.老龄社会与我国老年群体健身服务体系的发展对策研究[J].北京体育大学学报29(11):1472-1474.

刘慧.2008.长沙市老年大学老年休闲状况调查与分析[J].企业家天地(11):142-143.

刘玉龙.2008.从治疗到居住:针对老龄化社会的建筑设计[J].城市建筑,2008(7):26-27.

楼嘉军,徐爱萍等.2008.城市居民休闲活动满意度研究:上海、武汉和成都的比较分析[J].华东经济管理22(4):32-38.

[法]罗歇·苏.1996.休闲[M].北京:商务印书馆:18.

吕勤.2008.城市居民休闲行为的实证研究[M].北京:中国旅游出版社:3.

马惠娣等.2002.中国老龄化社会进程中的休闲问题[J].自然辩证法研究18(5):58-62.

马惠娣.2004.休闲:人类美丽的精神家园[M].北京:中国经济出版社:3.

马惠娣,张景安.2004.中国公众休闲状况调查[M].北京:中国经济出版社:9.

马惠娣,张景安.2004.中国公众休闲状况调查[M].北京:中国经济出版社:145.

马聆.2008.西安老年休闲市场研究[D].西安:西北大学.

马小红.2003.北京市未来50年户籍人口变动趋势预测[J].北京社会科学(4):84-90.

钱瑛瑛,郭冰.2007.中心城区老年人非居家养老居住选择研究[J].上海房地(9):20-22.

秦桂娟.2001.构建依托社区服务的新型养老模式[J].南京人口管理干部学院学报17(4):17-19.

孙新旺.2001.城市休闲绿地设计之二:城市休闲绿地的定位[J].园林(3):11.

孙樱.2000.我国城市老年人休闲行为初探:一个小样本问卷调查的简要分析[J].城市问题(2):29-30.

孙樱,陈田等.2001.北京市区老年人口休闲行为的时空特征初探[J].地理研究(20):537-546.

孙樱.2003.城市老年休闲绿地系统需求分析与建设对策[J].资源科学(25):69-76.

汤晓玲.2000.对影响老年人体育锻炼动机的社会学分析[J].成都体育学院学报26(4):30-33.

童玉芬,刘广俊.2008.北京市人口老龄化及对社会保障支出的影响[J].人口与发展(14):14-20.

万邦伟.1994.老年人行为活动特征之研究[J].新建筑(4):23-26.

万素梅,郭在军.2008.困境与抉择:城市老年人生活现状的调查:来自黄石市城区的个案分析[J].湖北师范学院学报(哲学社会科学版)(28):96-98.

王惠.2006.迎接休闲时代你做好准备了吗:北京市民休闲消费状况调查[J].数据(7):33-35.

王家骅.2003.休闲绿地:城市环境建设的新形式[J].上海建设科技(5):43,54.

王雅林.1982.自由时间利用的理论和实践问题[J].求是学刊(4):77-82.

王莉莉.2003.新时期北京市人口老龄化的趋势、特征和面临的压力[J].西北人口2(92):23.

王琪延,张卫红,龚江辉.1999.《城市居民的生活时间分配》[M].北京:经济科学出版社.

王琪延.2000.中国城市居民生活时间分配分析[J].社会学研究(4):86-97.

王琪延.2004.北京将率先进入休闲经济时代[J].北京社会科学(2):112.

文彦君,刘引鸽等.2009.宝鸡市人口老龄化的空间特征及影响因素分析[J].宝鸡文理学院学报(自然科学版)(29):75-78.

徐从淮.2000.从"方形生态曲线"谈老人生活空间环境[J].建筑学报(7):57-58.

徐明颖等.2002.上海市某社区老年人群生活满意度的初步研究[J].中国全科医学5(8):637-638.

徐永祥,李小青.2009.老年休闲与居家养老:以上海市某社区老年人休闲为例[J].社会工作(16):4-6.

薛兴邦等.1998.社区老人幸福度及其相关因素分析[J].中国心理卫生杂志(12):34-35.

严冬琴,黄震方.2009.城市老年人养老休闲需求与选择行为研究:以长江三角洲地区老年市场为例[J].江苏商论(5):17-19.

杨国良.2002.城市居民休闲行为特征研究:以成都市为例[J].旅游学刊17(2):52-56.

杨娟.2009.关于人口红利的一般讨论:兼论老龄化中国人口红利的实现问题[J].经济理论与经济管理(8):12-16.

姚远.2000.关于中国老年文化的几个理论问题[J].市场与人口分析6(2):54-60.

叶文等. 2006. 城市休闲旅游[M]. 天津: 南开大学出版社: 191.

袁泓江等. 2000. 老年大学对丰富老年人文化生活、提高老年人生活质量作用的研究[J]. 老年医学与保健6(1): 16-18, 26.

原新, 刘士杰. 2009. 1982—2007年我国人口老龄化原因的人口学因素分解[J]. 学海(4): 140-145.

曾毅, 顾大男. 2002. 老年人生活质量研究的国际动态[J]. 中国人口科学(5): 59-69.

张博. 2009. 老龄化社会的城市公共休闲空间设计研究[J]. 当代视觉艺术研究(1): 70-71.

张纯, 曹广忠. 2007. 北京市人口老龄化的空间特征及影响因素[J]. 城市发展研究(2): 56-61.

张纯. 2007. 北京城市老年人的日常活动路径及其时空特征[J]. 地域研究与开发26(4): 116-120.

张祥晶. 2006. 杭州市老年人口休闲状况调查与分析: 基于一个小样本的分析[J]. 西北人口(4): 54-57.

赵捷. 2006. 谈城市发展中的社会休闲功能[J]. 安徽农业大学学报(社会科学版)15(2): 34-36.

郑杭生. 2000. 社会学概论新修[M]. 北京: 中国人民大学出版社: 360.

郑莘. 2001. 城市老龄化社区的研究: 概念、特点及目标[J]. 中山大学研究生学刊(社会科学版)(22): 144-148.

中共中央马克思恩格斯列宁斯大林著作编译局. 1975. 马克思恩格斯全集(第26卷, 第3分册)[M]. 北京: 人民出版社, 287.

周克元. 2009. 中国人口增长预测数学模型[J]. 高等函授学报(自然科学版)(22): 5-7.

周兰君. 2009. 荷兰德国老年人体育活动模式研究[J]. 体育文化导刊(7).

祝昊冉,冯建. 2008. 北京城市公园的等级结构及其布局研究[J]. 城市规划 15(4):82.

朱建达. 1997. 城市规划与人口老龄化问题[J]. 城市开发(12):10-11.

二、英文文献

Allen, L. R. 1990. Benefits of Leisure attributes to community satisfaction [J]. Journal of Leisure Research, 22(2):183-196.

Bammell, G. 1996. and L. Burris-Bammel. Leisure and Human Behavior [M]. Madison, WI: Brown & Benchmark.

Bowling, A. & J. Barber. 2006. Do perceptions of neighbourhood environment influence health? Baseline findings from a British survey of aging [J]. Journal of Epidemiology and Community Activity, 60(6):476-483.

Brown, C. A., Mcguire, F. A, & J. Voelkl. 2008. The link between successful aging and serious leisure[J]. International Journal of Aging and Human Development, 66(1):73-95.

Busse, G. Wurzburg & M. Zappacosta. 2003. Shaping the Societal Bill: past and future trends in education[J]. Pensions and healthcare expenditure, 35(1):7-24.

Csikszentmihalyi, M. 1990. Flow: The Psychology of Optimal Experience [M]. New York: HarperCollins.

Cutler, S. and J. Hendricks. 1990. Leisure and time use across the life course. [M]. New York: Academic Press.

Deiner, E. 1984. Subjective well-being[J]. Psychological Bulletin, 95(3):543.

Diener, E. 2000. Subjective well-being: The science of happiness and a proposal for a national index[J]. American psychologist, 55(1):34-43.

Driver, B. and P. Brown. 1986. Probable personal benefits of outdoor recreation[J]. Values, (2):63-70.

Dionigi, R. 2006. Competitive sport and aging: The need for qualitative sociological research [J]. Journal of Aging and Physical Activity, 14(4): 365-379.

Dionigi, R. 2006. Competitive sport as leisure in later life: Negotiations, discourse, and aging[J]. Leisure Science, 28(2):181-196.

Driver & Brown. 1986. Probable Personal Benefits of Outdoor Recreation.

Dodge H. H. & Y. 2008. Kita, Healthy Cognitive Aging and Leisure Activities Among the Oldest Old in Japan: Takashima Study [J]. Journals of Gerontology Series A-biological Sciences and Medical Sciences, 63(11): 1193-1200.

Dumazedier, J. 1960. Current problems of the sociology of leisure. International Social Science Journal, 12:127.

Edginton, C. R. 2000. Enhancing the Livability of Iowa Communities: The Role of Recreation[J]. Natural Resource Development and Tourism, 29-41.

Ellis, Edinton & Howard, Lifestyle and Health Promotion, 1985. Academy of Leisure Science, Dallas, TX.

Fiorella Marcellini, Cinzia Giuli, Cristina Gagliardi & Roberta Papa. 2007. Aging in Italy: Urban rural differences[J]. Archives of Gerontology and Geriatrics, 44(3):243-260.

Fitzpatrick, T. R. & A. 2001. Spiro et al. Leisure activities, stress, and health among bereaved and non-bereaved elderly men: The normative aging study[J]. Omega-Journal of Death and dying, 43(3):217-245.

Galit Nimrod. 2008. Retirement and tourism Themes in retirees' narratives

[J]. Annals of Tourism Research, 35(4): 859–878.

Gordon, C. Gaitz and J. Scott. 1976. Leisure and lives: Personal expressivity across the life span [M]. New York: Van Nostrand-Reinlold Co., 310–341.

Hull, R. B. 1990. Mood as a product of leisure: Causes and consequences [J]. Journal of Leisure Research 22(2), 99–111.

Hultsman, W. 1995. Recognizing patterns of leisure constraints: An extension of the exploration of dimensionality [J]. Journal Leisure Research, 27(3): 228–244.

Jachson, E. L. 1990. Variations in the desire to begin a leisure activity: Evidence of antecedent constraints? [J]. Journal of Leisure Research, 22: 55–70.

Pieper, J. 2009. Leisure, The Basis of Culture [M]. San Fransisco: Ignatius Press: 20.

Kelly, J. R., M. Steinkamp and J. Kelly. 1987. Later life satisfaction: Does Leisure contribute? [J]. Leisure Sciences, 9: 187–200.

Kerschner H. & Pegues JAM. 1998. Productive Aging: A Quality of Life Agenda [J]. Journal of the American Dietetic Association, 98(12): 1445–1448.

Klumb, PL. 2004. Benefits from productive and consumptive activities: Results from the Berlin aging study [J]. Social Indicators Research, 67(1-2): 107–127.

McFarquhar & A. Bowling. 2009. Psychological Well-being and Active Aging: Maintaining Quaility of Life in Older Age [J]. European Psychiatry, 24(1): S1102.

Menec, VH. 2003. The relation between everyday activities and successful aging: A 6-year longitudinal study[J]. Journal of Geography series B-Psychology science and Social Science, 58(2): S74-S82.

Mobily K., J. Lemke, L. Ostiguy, R. Woodard, T. Griffee, and C. Pickens. 1993. Leisure repertoire in a sample of midwestern elderly: The case for exercise[J]. Journal of Leisure Research, 25(1): 84-99.

Myers, D. G. 2000. The funds, friends, and faith of happy people[J]. American Psychologist, 55(1): 56-57.

NimrodG. & D. A. Kleiber. 2007. Reconsidering change and continuity in later life: Toward an innovation theory of successful aging[J]. International Journal of Aging and Human Development, 65(1): 1-22.

Pred, A. 1977. The choreography of existence: comments on hagerstrand's time-geography and its usefulness. Economic Geography, (2): 207-221.

QuirouetteC. C. & D. Pushkar. 1999. Views of future aging among middle-ageduniversity educated women[J]. Canadian Journal on Aging-revue Canadienne Duvieillissement, 18(2): 236-258.

Riddick, C. 1985. Life satisfaction determinants of older males and females [J]. Leisure Sciences, 7(1): 47-63.

Rdidick, C. 1986. Leisure satisfaction precursors[J]. Journal of Leisure Research, 18(4): 259-265.

Rolston, H. 1986. Beyond recreational value: The greater outdoors preservation related and environmental benefits[J]. Values, (4): 103-113.

Russell, R V 1996. Pastimes: The Context of Contemporary Leisure[M]. Madison, WI: Brown & Benchmark.

Schreyer, R. 1986. Motivation for participation in outdoor recreation and barriers to that participation[M]. Washington. DC: U. S. Government Printing Office, 1-8.

Shichman, S. and E. Cooper. 1984. Life satisfaction and sex role concept [J]. Sex Roles, 11(3/4): 227–240.

Slingerland, A. S. & F. J. 2007. Van Lenthe et al. Aging, retirement, and changes in physical activity: Prospective cohort findings from the GLOBE study[J]. American Journal of Epidemiology, 165(12): 1356–1363.

Sneegas, J. 1986. Components of life satisfaction in middle and later life adults: Percerved socail competence, leisure participation and leisure satisfaction[J]. Journal of Leisure Research, 18(4): 248–258.

Stephen K. 2000. Busy Bodies Activity, Aging, and theManagement of Everyday Life[J]. Journal of Aging Studies, 14(2): 135–152.

Wilson, W. 1967. Correlates of avowed happiness[J]. Psychological Bulletin, 67: 294–306.

附表1　北京市现行的老年人优待政策

分类	内容	责任单位
生活服务	65周岁及以上老年人免费乘坐市域内地面公交车。城市公交车站要设置无障碍等候专区,方便老年人乘车。城市公共交通车辆要设立不低于坐席数10%的老幼病残孕专座	市交通委、区(县)人民政府
	建立高龄津贴制度,对90~99周岁的老年人每月发给100元的高龄津贴,对百岁及以上老年人每月发给200元的高龄津贴	市民政局、市老龄办、区(县)人民政府
	建立居家养老福利服务制度,为有特殊困难的老年人发放养老服务补贴	市民政局、区(县)人民政府
文体休闲	市、区(县)级政府投资主办或控股的公园、风景名胜等旅游景区对65周岁及以上老年人免收门票费(大型活动期间除外)。60~64周岁老年人优惠购买市属公园通用年票,每张50元。提倡非政府投资主办或控股的公园、风景名胜等旅游景区,对老年人给予适当优惠	市园林绿化局、市公园管理中心、市旅游局、区(县)人民政府
	市、区(县)级财政支持的各类博物馆(院)、美术科技和纪念场馆、烈士纪念建筑物、名人故居、公共图书馆等公益性文化设施向老年人免费开放。提倡非财政支持的公益性文化设施为老年人提供优惠服务	市文物局、市文化局、市总工会、区(县)人民政府

续表

分类	内容	责任单位
文体休闲	市、区(县)级财政支持的公共体育场馆为老年人健身活动提供优惠服务。提倡非财政支持的公益性文体设施为老年文体团队活动优先提供场地	市体育局、市总工会、市文化局、区(县)人民政府
文体休闲	各级文化馆(站、宫、活动中心、室)对老年人免费开放。市、区(县)、街道(乡镇)所属文化中心(站)每月定期为驻区老年人免费放映一场电影	市文化局、区(县)人民政府
文体休闲	市、区(县)、街道(乡镇)社区服务中心和老年活动中心(站、室)对老年人提供优惠服务。市老年心理咨询热线(96156)为老年人提供免费心理咨询服务	市民政局、市老龄办、区(县)人民政府
医疗保障	大、中型医疗机构对老年人就医提供"六优先"(挂号、就诊、化验、检查、交费、取药)服务	市卫生局、区(县)人民政府
医疗保障	社区卫生服务机构对老年人实行"三优先"(就诊、出诊、建立家庭病床)服务,实行社区卫生服务首诊制。每年为无社会养老保障的老年人免费提供一次体检。实行收支两条线管理的社区卫生服务机构对老年人免收普通门诊挂号费,免费建立健康档案,对享受城乡居民最低生活保障待遇和生活困难补助的老年人免收家庭病床查床费	市卫生局、市劳动保障局、市民政局、区(县)人民政府
维权服务	律师事务所、公证处、基层法律服务所和其他社会法律服务机构,应优先为老年人提供减免费法律咨询和有关服务。对城市三无老人、农村五保老人和享受城乡居民最低生活保障待遇老年人提出的法律援助申请,要优先受理	市司法局、区(县)人民政府

资料来源:由北京市老龄工作委员会办公室提供。

附表2 北京市老年大学列表

序号	名称	地址	序号	名称	地址
1	北新桥老年学校	东城区北门仓胡同63号	9	北京交通大学老年大学	海淀区北京交通大学第二教学楼
2	文化部老年大学	东城区朝阳门内大街	10	海淀区老年大学	海淀区大平庄胡同2号
3	东城区老年电大工作站	东城区东四北大街400号	11	航天老年大学	海淀区阜成路8号航天工业总公司老干部局
4	北京市老年大学	东城区和平里东街民旺胡同甲19号	12	马连洼老年大学家政服务中心	海淀区马连洼菊花盛苑1号楼
5	东城区老年大学	东城区和平里中街甲14号	13	花园路地区老年大学	海淀区牡丹园西里20号
6	中国航空工业机关老年大学	东城区亮果厂胡同5号	14	国际关系学院老年大学	海淀区坡上村颐和园路12
7	建国门老年学校	东城区盛芳胡同45号	15	清华园老年大学	海淀区清华园街道办事处
8	北京东方妇女老年大学	东城区史家胡同甲24号	16	海淀区老年电大工作站	海淀区西苑操场15号

续表

序号	名称	地址	序号	名称	地址
17	商务部老年大学	东城区台基厂头条10号	27	石勘院老年大学	海淀区学院路20号
18	朝阳门老年学校	东城区演乐胡同59号	28	北航社区老年大学	海淀区学院路37号北京航空航天大学思源楼
19	汽南社区老年大学	西城区白云路西里15号楼	29	北京理工大学老年大学	海淀区中关村南大街5北京理工大学
20	手帕社区老年大学	西城区东铁匠胡同甲8号	30	中国科学院老年大学	海淀区中关村南一街甲5号
21	中国铁路老年大学	西城区二七剧场路甲6号	31	安贞社区服务中心老年大学	朝阳区安华里2区11号楼
22	中国科学院老年大学	西城区二七剧场路甲六号	32	交通运输部机关老年大学	朝阳区安华西里三区甲6
23	国家广播电影电视总局老年大学	西城区广安门北滨河路2号	33	双井社区老年大学	朝阳区垂杨柳南街垂杨柳中区4号楼
24	金融街街道新华社社区老年大学	西城区金融街街道	34	中国地震局老年大学	朝阳区华严北里
25	北京东方妇女老年大学	西城区刘海胡同11号	35	劲松东社区老年大学	朝阳区劲松社区
26	中国石油天然气集团公司机关老年大学	西城区六铺炕街11号	36	潘家园社区中心老年大学	朝阳区磨房南里32楼

附表2　北京市老年大学列表

续表

序号	名称	地址	序号	名称	地址
37	中国科学院老年大学三里河校区	西城区三里河七巷三里河三区甲7号	47	中国科学院老年大学北郊校区	朝阳区南沙滩路
38	二龙路社区老年大学	西城区太平桥大街甲230号	48	中心老年大学	朝阳区市辖区潘家园松榆西里甲26号楼
39	北京市西城区老年大学	西城区西直门内大街147号	49	朝阳老年大学	朝阳区水碓子东路5号
40	西城区老年电大工作站	西城区新街口北大街二条11号	50	北京市朝阳老年大学	朝阳区水碓子东路5号楼
41	北京京教老年大学	西城区新街口外大街14号	51	朝阳老年大学	朝阳区团结湖南里甲1号
42	北京师范大学老年大学	西城区新街口外大街19号	52	农业部老年大学东校区	朝阳区新馆东路
43	新文化街社区老年大学	西城区新文化街新文化街戊36	53	顺义区老年大学分校	顺义区光明南街22号
44	月坛社区老年大学	西城区月坛南街甲49号	54	顺义区老年大学石园东苑分校	顺义区顺仁路
45	丰台区老年大学	丰台区北大地北里甲1号	55	顺义区老年大学幸福西街社区分校	顺义区幸福西街社区
46	首都航天机械公司老年大学	丰台区东高地斜街	56	通州区老年大学	通州区玉带河东街358号

221

续表

序号	名称	地址	序号	名称	地址
57	太平桥街道老年大学	丰台区太平桥街道	63	大兴老年大学	大兴区兴政南巷9号
58	北京长寿俱乐部老年大学丰台分校	丰台区望园西里4号	64	燕山石化老年大学	房山区燕房路
59	中共丰台区委老干部党校丰台区老年大学社区课堂	丰台区晓月二里11号楼底商	65	延庆县老年大学	延庆县香苑街18
60	中国航天三院老年大学	丰台区云岗	66	门头沟区老年大学	门头沟区增产路
61	北京金梦圆老年大学	石景山区八大处路35号	67	密云县老年大学	密云县新北路17号
62	石景山区老年大学	石景山区八角北路51号	68	北京市平谷区老年大学	平谷区向阳北街8号

注：统计时间截止到2011年年底，根据《北京黄页》信息整理。